Vegan - Kochbuch

für

Anfänger

120 Top - Rezepte

Vanessa Trojan

Vorwort

Vielen Dank das Sie sich für mein Kochbuch entschieden haben.

Immer mehr Menschen ernähren sich vegan!

Die vegane Ernährungsform bietet viele Vorteile und schützt zudem das Klima.

Eine vegane Ernährung ist auch nicht einseitig -.

Im Gegenteil!

Diese Form der Ernährung bietet unzählige Möglichkeiten, seinen Horizont zu erweitern.

Ich habe hier meine absoluten Lieblingsrezepte zusammengestellt.

Hier haben Sie eine tolle Ansammlung verschiedener Rezepte für jeden Tagesabschnitt und selbstverständlich können Sie diese auch weiter ausbauen oder abändern.

Ganz nach Ihrem Geschmack.

Ich wünsche ihnen gutes Gelingen und viel Erfolg und Spaß beim Kochen!

P. S: Auf Bilder habe ich bewusst verzichtet um die Druckkosten niedrig zu halten und das Buch günstig anbieten zu können.

Inhaltsverzeichnis

Vorab - Informationen zu den Rezepten

- Die angegebenen Backzeiten stammen von meinem Backofen. Bitte beachten sie das es hier öfter zu Abweichungen kommen kann.
- Sollten sie Ober-/ Unterhitze verwenden, die Temperatur um 20 Grad C erhöhen.
- Alle Rezepte können nach eigenen Wünschen abgeändert werden.
- Gemüse sollte immer in Bioqualität gekauft werden.
- Gemüse immer abwaschen. Das habe ich nicht extra in den Rezepten angegeben.
- Selbstverständlich kann statt Pulver auch ein frisches Gewürz verwendet werden.
- Statt einem Würfel Hefe können 2 Päckchen Trockenhefe verwendet werden.
- Anstelle von veganer Butter können sie auch vegane Margarine verwenden.
- Anstelle von Zucker kann natürlich auch Xylith oder Rohrzucker verwendet werden.

Abkürzungen

- TK = Tiefgekühlt
- TL = Teelöffel
- EL= Esslöffel

Frühstück

Milchreis

Zutaten (4 Portionen)

- 1000 ml Pflanzendrink
- 250 g Milchreis
- 30 g Zucker
- 1 Päckchen Vanillezucker

Zum Bestreuen: Zimt

Zubereitung

- Pflanzendrink in einem Topf zum Kochen bringen.
- Reis, Zucker und Vanillezucker zugeben und bei offenem Deckel auf niedriger Stufe 30 Minuten quellen lassen.
- Dabei öfter Umrühren damit nichts anbrennt.
- Wenn der Reis die gewünschte Sämigkeit erreicht hat, vom Herd nehmen.
- Auf Teller verteilen und mit Zimt bestreuen.

Pfannkuchen

Zutaten (8 Pfannkuchen)

- 250 ml Pflanzendrink
- 200 g Mehl
- 250 ml Mineralwasser
- 2 EL (Raps) Öl
- 1 EL Vanillezucker
- 1 Prise Salz
- etwas (Raps)Öl oder Butter zum Braten

Zubereitung

- Alle Zutaten zu einen glatten Teig verrühren und 10 Minuten ruhen lassen.
- Einen TL Öl in einer Pfanne warm werden lassen (nicht heiß!), dann mit einem kleinen Schöpflöffel den Teig in die Pfanne geben.
- Pfannkuchen 2 Minuten braten, umdrehen und nochmal 1 Minute anbraten.
- Vor dem nächsten Pfannkuchen wieder etwas Öl nachgeben.
- Fertige Pfannkuchen nach Belieben bestreichen oder belegen.

Pancakes

Zutaten (3 Pancakes)

- 200 g Sojamehl
- 100 ml Pflanzendrink
- 60 g Mehl
- 1 EL Agavendicksaft
- 2 EL Backpulver
- 1 Prise Salz
- etwas (Raps)Öl zum Braten

Zubereitung

- Zuerst die trockenen Zutaten in einer Schüssel vermischen.
- Pflanzendrink zugeben und die Zutaten mit dem Handrührgerät so lange verrühren bis sich eine leicht flüssige Masse ergibt.
- Die Pfanne mit etwas Öl, warm werden lassen (nicht heiß!), dann mit einem Schöpflöffel den Teig in die Pfanne geben.
- Der Teig muss nicht den ganzen Pfannenboden bedecken wie bei einem Pfannkuchen.
- Auf mittlerer Hitze den Teig weiter Blasen werfen lassen und zusehen wie er langsam vom Rand bis zur Mitte fest wird.

- Sobald die Mitte fast fest ist, den Pancake drehen.
- Eine gute Minute warten, dann ist der Pancake fertig.
- Auf einem warmen Teller zur Seite stellen und die restlichen Pancakes machen.

Chiapudding

Zutaten

- 20 g Chiasamen
- 80 ml Haferdrink
- 300 g Sojajoghurt
- etwa 50 g frische oder gefrorene Beeren
- 2 EL Agavendicksaft
- 1 EL geröstete Sonnenblumenkerne

Zubereitung

- Chiasamen in eine Schale geben, Haferdrink dazu und mit einer Frischhaltefolie zudecken.
- Über Nacht in den Kühlschrank stellen. Die Chiasamen saugen die Milch auf und werden ca. viermal so groß wie davor.
- Morgens dann aufgetaute bzw. frische Beeren oder geschnittenes Obst mit Sojajoghurt dazu rühren und mit etwas Agavendicksaft zum Süßen vermischen.
- Als Topping geröstete Sonnenblumenkerne darüber streuen.

Bircher Müsli

Zutaten (2 Portionen)

- 50 g Haferflocken
- 60 g Wasser (oder Saft nach Belieben)
- 60 g Pflanzendrink
- 3 Äpfel
- Saft aus einer Zitrone
- 20 g Nüsse

Zubereitung

- Haferflocken mit Wasser vermischen und über Nacht quellen lassen.
- Pflanzendrink und Zitronensaft zugeben.
- Äpfel und Nüsse fein reiben oder mixen und unterrühren.

Goldene Milch

Zutaten (2 Gläser)

- 250 ml Pflanzendrink nach Belieben
- 1 EL Kurkuma
- 1 TL Kokosöl
- 2 Prisen Ingwer
- ½ TL Zimt
- 1 Prise Muskat
- 1 Prise Pfeffer
- evtl. Agavendicksaft (Süßen nach eigenen Geschmack)

Zubereitung

- Alle Zutaten miteinander vermixen.
- Zusammen in einem Topf erwärmen, aber nicht kochen.

Waffel - Grundrezept

Zutaten (2 Portionen)

- 250 g Mehl
- 250 ml Pflanzendrink nach Belieben
- 1 EL Backpulver
- 50 ml Wasser
- 1 TL Salz
- (Raps)Öl zum Bepinseln des Waffeleisens

Zubereitung

- Alle Zutaten gut miteinander verrühren und 10 Minuten ruhen lassen.
- Waffeleisen mit Öl einfetten.
- Für eine Waffel 2-3 EL Waffelteig in die Mitte des Waffeleisens geben.
- Den Teig im Waffeleisen backen, bis sie goldbraun sind.
- Fertige Waffeln auf einem Kuchengitter abkühlen lassen.
- Waffeln belegen/ bestreuen nach Belieben.

Overnight Haferflocken

Zutaten (2 Portionen)

- 80 g Haferflocken
- 1 Banane
- 400 ml Pflanzendrink
- 6 EL Sojajoghurt
- einige Himbeeren

Zubereitung

- Haferflocken mit Pflanzendrink und Joghurt vermischen.
- Banane klein schneiden und zugeben.
- Mit Himbeeren verzieren.
- Im Kühlschrank über Nacht quellen lassen.
- Am nächsten Morgen verzehren.

Armer Ritter

Zutaten

- 4 - 5 Scheiben Toast
- 1 reife Banane
- 200 ml Pflanzendrink (Empfehlung Sojadrink)
- 3 EL Zucker
- 1 EL Mehl
- 2 Prisen Zimt
- 1 Päckchen Vanillezucker
- 1 EL vegane Butter zum Braten

Zubereitung

- Banane in einer Schüssel mit einer Gabel zerdrücken.
- Pflanzendrink, Mehl, Vanillezucker und Zimt zugeben und gut verrühren.
- Toastscheiben halbieren und in die Bananen-Pflanzendrinkmischung einweichen, bis sie vollgesogen sind.
- Butter in einer Pfanne erhitzen und die Toastscheiben bei mittlerer Hitze, von beiden Seiten anbraten.
- Mit Zucker bestreut servieren.

Porridge

Zutaten (2 Portionen)

- 100 g kernige Haferflocken
- 400 g Wasser
- etwa 100 ml Pflanzendrink (nach Belieben)
- 1 Banane
- 2 EL Mandelblättchen
- 1 EL Rosinen (Optional)
- 2 EL Zucker
- 1 Prise Salz

Zubereitung

- Banane in kleine Stücke schneiden.
- Wasser mit Salz und Rosinen in einem Topf aufkochen lassen.
- Haferflocken einrühren und bei niedriger Stufe, unter ständigem Rühren, 5 Minuten leicht köcheln lassen.
- Wenn die Masse leicht eindickt, die Bananenstücke gut untermischen.
- In einem tiefen Teller servieren und mit Zucker bestreuen.
- Mandelblättchen darüber verteilen und die gewünschte Menge Pflanzendrink zugeben.

Apfel-Mandel-Brei

Zutaten (4 Personen)

- 2 Äpfel
- 150 g Haferflocken
- 100 g gemahlene Mandeln
- 600 ml Mandelmilch
- 1 Prise Zimt
- Agavendicksaft

Zubereitung

- Die Mandelmilch auf dem Herd kurz aufkochen
- Bei mittlerer Hitze die Haferflocken, den Zimt und die gemahlenen Mandeln hinzufügen.
- Einem cremigen Brei anrühren.
- Äpfel schälen, das Kerngehäuse entfernen und in dünne Spalten schneiden.
- Brei in vier Müslischüsseln einfüllen und Apfelspalten darauf verteilen.

Antipasti

Zutaten

- 3 große rote Paprikaschoten
- 40 g Toastbrot
- 2 TL Essig
- 1 Knoblauchzehe
- 3 EL Petersilie
- 25 g entkernte grüne Oliven
- 10 EL Olivenöl
- 3 kleine Zucchini
- 1 Aubergine
- 3 EL Basilikum
- Zitronensaft
- Balsamico

Zubereitung

- Knoblauch pressen, Paprika vierteln und entkernen.
- Mit der Haut nach oben auf dem Rost im Ofen bei 200° C Umluft ca. 20 - 25 Minuten backen, bis die Haut Blasen wirft.
- Paprika abkühlen lassen und danach häuten.

- Toastbrot würfeln, mit Essig und 1 EL Zitronensaft beträufeln.
- Toastbrot, Knoblauch und Petersilie, die Oliven und 1 EL Olivenöl im Mixer pürieren, mit Salz und Pfeffer abschmecken.
- Die Paprikaviertel mit der Paste bestreichen und einrollen.
- Auberginen und Zucchini waschen, die Auberginen quer, die Zucchini längs in Scheiben schneiden.
- Die Scheiben portionsweise in einer Pfanne in 2 EL Olivenöl von beiden Seiten braun braten.
- Mit Salz, Pfeffer, Balsamico und Basilikum würzen.
- Auf einem Teller anrichten und mit Brot servieren.

Schnelles Bruschetta

Zutaten

- 4 Scheiben Weißbrot oder Toastbrot
- 2 gewürfelte Tomaten
- 1 EL Öl

Zubereitung

- Brotscheiben mit 1 EL Olivenöl in der Pfanne knusprig anrösten.
- Mit den gewürfelten Tomaten großzügig belegen.
- Mit Olivenöl beträufeln und auf einem Teller servieren.

French Toast

Zutaten

- 1 halbe Banane
- 200 ml Pflanzendrink
- 40 g Mehl nach Belieben
- 1 Prise Zimt
- 1 TL Hefeflocken
- ½ TL Backpulver
- 4 Scheiben Toast
- 1 EL Johannisbeermarmelade
- 200 ml (Raps)Öl
- ½ EL Puderzucker (zum Bestreuen)

Zubereitung

- Pflanzendrink, Hefeflocken, Mehl, Zimt und Backpulver in einen tiefen Teller geben.
- Eine halbe geschälte Banane pürieren und mit der Paniermasse für 5 Minuten ziehen lassen.
- Zwei Toastbrotscheiben mit Marmelade bestreichen und mit den anderen zwei Scheiben belegen.
- Eine Pfanne mit ca. einem Zentimeter hoch Öl darin erhitzen.

- Die Toasts beidseitig durch die Paniermasse ziehen und für 5 Minuten von beiden Seiten, bei mittlerer Hitze goldbraun ausbacken.
- Die Toastscheiben auf Küchenpapier abtropfen lassen und mit Puderzucker bestreuen.

Grüner Smoothie

Zutaten

- 1 reife Banane
- 1 Apfel
- 200 g Spinat oder Grünkohl (am besten TK)
- 200 ml Wasser
- bei frischen Spinat (Grünkohl) empfehle ich 3-4 Eiswürfel zuzugeben.

Zubereitung

- Nur die Apfelansätze wegschneiden. Die Apfelkerne mit verwenden.
- Alle Zutaten in den Mixer und zusammen etwa eine Minute mixen.

Bananen Kiwi Smoothie

Zutaten

- 1 reife Banane
- 2 reife Kiwis
- 250 ml Kokosdrink
- 1 EL Zitronensaft (am besten frisch gepresst)

Zubereitung

- Alle Zutaten in den Mixer und zusammen etwa eine Minute mixen.

Himbeer Smoothie

Zutaten

- 200 g Himbeeren (frisch oder TK)
- 100 ml Wasser
- 100 ml Kokosdrink
- 1 TL Vanillezucker
- bei frischen Himbeeren empfehle ich 3-4 Eiswürfel zuzugeben.

Zubereitung

- Alle Zutaten in den Mixer und zusammen etwa eine Minute mixen.
- Selbstverständlich können sie auch andere Beeren verwenden.

Bananenmilchshake

Zutaten

- 1 reife Banane
- 250 ml gekühlter Pflanzendrink
- 1 EL Agavendicksaft
- Optional ½ Päckchen Vanillezucker

Zubereitung

- Alle Zutaten in den Mixer und zusammen etwa eine Minute mixen.

Dips/ Aufstriche/ Saucen

Hummus

Zutaten

- 300 g trockene Kichererbsen
- 300 g Sesampaste (Tahini)
- 100 ml (Raps)Öl
- Saft von 4 Zitronen
- 4 Knoblauchzehen
- 1 TL Pfeffer
- 1 TL Paprikapulver
- 1 TL Kreuzkümmel
- 2 Prisen Salz

Zubereitung

- Kichererbsen über Nacht einweichen
- Am nächsten Tag abtropfen lassen und weich kochen.
- Das Wasser nicht abgießen.
- Kichererbsen mit einem Stabmixer pürieren
- Sesampaste hinzufügen und nochmals miteinander pürieren.
- Knoblauch sowie die Gewürze und den Zitronensaft noch hinzugeben.
- Hummus auf einen tieferen Teller geben.

- Das Öl erhitzen und über den Humus verteilen.

Tzatziki

Zutaten

- 1 Gurke
- 500 g Sojajoghurt Natur
- 2 Knoblauchzehen
- 2 EL Dill
- 1 EL (Oliven)Öl
- 1 TL Zitronensaft
- 1 TL Salz
- 1 TL Pfeffer
- Optional 2 TL gemahlene Flohsamenschalen

Zubereitung

- Knoblauchzehen pressen.
- Gurke halbieren, entkernen und grob reiben.
- Alle Zutaten in einer Schüssel verrühren und 3 Stunden ziehen lassen.
- Wer das Tzatziki fester mag, kann zudem 2 TL gemahlene Flohsamenschalen beim Verrühren zugeben.
- Tipp: Die Gurke kann man auch mit 4 Gewürzgurken ersetzen.

Sour Cream

Zutaten

- 400 g Seidentofu
- 1 EL Apfelessig
- 1 EL Zitronensaft
- 1 EL (Raps)Öl
- 1 TL Zucker
- 1 Prise Salz
- Schnittlauch zum Garnieren

Zubereitung

- Alle Zutaten in einer Schüssel gut vermixen.
- Beim Servieren mit Schnittlauch garnieren.

Karamellcreme

Zutaten

- 400 ml Kokosmilch
- 100 g Zucker
- ½ TL Salz

Zubereitung

- Alle Zutaten in einem Topf geben und aufkochen lassen.
- Eine Stunde, unter gelegentlichem Rühren, auf mittlerer Hitze köcheln lassen.
- Die Creme in ein oder mehrere sterile Schraubgläser abfüllen.
- Karamellcreme abkühlen lassen.

Zwiebelschmalz

Zutaten

- 200g Kokosöl
- 1 Zwiebel
- 1 Apfel
- 3 EL gehackte Haselnüsse
- 1 TL Salz
- 1 TL Paprika
- 1 Prise Kreuzkümmel
- 1 Prise Pfeffer

Zubereitung

- Zwiebel klein hacken, Apfel klein würfeln
- Kokosöl in einem Topf erwärmen und Zwiebel darin glasig anbraten.
- Die restlichen Zutaten zugeben und kurz mitdünsten.
- Nochmal abschmecken und nach Belieben nachwürzen.
- Schmalz in eine Schüssel geben und abkühlen lassen.
- Wenn die Masse beginnt fest zu werden, mit einem Schneebesen gut durchrühren.
- Zwiebelschmalz in ein Glas füllen.

Veganer Streichkäse

Zutaten

- 150 g Cashewkerne
- 100 ml Wasser
- 2 getrocknete Tomaten
- ¼ TL Chiliflocken
- 1 TL Paprikapulver
- 3 Prisen Salz
- 1-2 EL Hefeflocken

Zubereitung

- Cashewkerne über Nacht in Wasser einweichen.
- Am nächsten Tag können die Cashewkerne im Mixer zu einer Creme verarbeitet werden.
- Um einen leckeren Streichkäse zu erhalten, werden dann alle Zutaten in den Mixer gegeben und gemixt.
- Im Kühlschrank hält der Streichkäse mindestens 5 Tage.

Guacamole

Zutaten

- 2 Avocado
- Saft von einer Limette
- 2 Knoblauchzehen
- 3 Prisen Chilipulver
- 2 Prisen Salz
- 1 TL Pfeffer

Zubereitung

- Die Avocados halbieren, entkernen und schälen.
- Alle Zutaten mixen und fein pürieren.

Erdnussbutter

Zutaten

- 400 g geröstete Erdnüsse (ungesalzen)
- 30 ml Pflanzendrink (Empfehlung: Mandeldrink)
- ½ TL Salz

Zubereitung

- Alle Zutaten im Mixer zu einer cremigen Masse pürieren.
- Die Erdnussbutter hält im Kühlschrank bis zu 14 Tage

Erdmandelcreme

Zutaten

- 180 g Erdmandeln
- 120 g Cashewkerne
- 2 EL Agavendicksaft
- 1 TL Vanillezucker
- ½ TL Salz

Zubereitung

- Erdmandeln und Cashewkerne über Nacht einweichen lassen.
- Erdmandeln und Cashewkerne abgießen und abtropfen lassen.
- Alle Zutaten miteinander pürieren.
- Sollte die Creme zu fest werden, nochmal Agavendicksaft zufügen und nochmals pürieren.

Rote Rübenaufstrich

Zutaten

- 2 gekochte, rote Rüben
- 70 g Sonnenblumenkerne
- 1 TL Zitronensaft
- 1 TL (Oliven)Öl
- 2 Prisen Salz

Zubereitung

- Rote Rüben in kleinen Stücke schneiden.
- Alle anderen Zutaten hinzufügen und miteinander pürieren.

Champignonaufstrich

Zutaten

- 300 g Champignons
- 3 EL Walnusskerne
- 1 Zwiebel
- 2 EL Petersilie
- 2 EL Thymian
- 5 EL Olivenöl
- ½ TL Pfeffer
- ½ TL Salz

Zubereitung

- Zwiebel fein hacken, Champignons in kleine Stücke schneiden.
- 1 EL vom Öl in einer Pfanne erhitzen und die Zwiebel glasig anbraten.
- Champignons und Thymian zugeben und solange anbraten, bis das Wasser der Champignons verdampft ist.
- In eine Schüssel geben und mit den anderen Zutaten vermengen.
- Mit einem Pürierstab pürieren,bis ein streichfähiger Aufstrich entsteht.
- Im Kühlschrank für 2 Stunden abkühlen lassen und dann in ein steriles Schraubglas geben.

Linsenaufstrich

Zutaten

- 500 g rote Linsen
- 1000 ml Wasser
- 100 ml (Raps)Öl
- 1 Zwiebel
- 3 Knoblauchzehen
- 2 TL Kurkuma
- 1 TL Zitronengras
- 1 TL Koriander
- 1 TL Pfeffer
- 1 TL Kreuzkümmel
- 1 TL Chilipulver
- 1 TL Currypulver
- ½ Ingwer
- ½ TL Salz

Zubereitung

- Zwiebel klein hacken und Knoblauchzehen pressen.
- In einer Pfanne Öl erhitzen und Zwiebel mit Knoblauch darin glasig anbraten.
- Gewürze und Linsen zugeben und bei mittlerer Hitze solange mitrösten bis die Linsen gut mit Öl überzogen sind.

- Wasser zugeben, aufkochen und bei niedriger Hitze köcheln bis die Linsen beginnen zu zerfallen.
- Mit einem Pürierstab aufmixen und abkühlen lassen.
- Der Aufstrich hält 4 Tage im Kühlschrank und kann auch eingefroren werden.

Kokosaufstrich

Zutaten

- 250 ml Sojadrink
- 100 g Kokosraspeln
- 50 ml Sojasahne
- 100 g (Kokosblüten)Zucker
- 2 Päckchen Vanillezucker

Zubereitung

- Alles, außer Kokosraspeln, miteinander verrühren.
- Die Masse in einen Topf erwärmen und für eine Stunde, bei niedriger Hitze eindicken lassen.
- Die Kokosraspeln unterheben und abkühlen lassen.
- Im Kühlschrank hält sich der Aufstrich bis zu einer Woche.

Alioli

Zutaten

- 6 Knoblauchzehen
- 50 ml Olivenöl
- 50 ml Sonnenblumenöl
- 1 TL Salz
- 1 TL Zitronensaft

Zubereitung

- Knoblauchzehen mit Salz pürieren.
- Olivenöl und Sonnenblumenöl unter ständigem rühren langsam hinzugeben.
- Zitronensaft unterrühren und bis zum Verzehr kalt stellen.

Paprikarahmsauce

Zutaten (4 Portionen)

- 2 rote Paprika
- 300 ml heiße Gemüsebrühe
- 100 ml Sojasahne
- 1 EL Paprikapulver
- 1 EL Tomatenmark
- 20 g Speisestärke und etwas Wasser zum Anrühren
- 1 EL (Raps)Öl
- Salz und Pfeffer zum Abschmecken

Zubereitung

- Paprika in kleine Würfel schneiden.
- Öl in einem Topf vom erhitzen und Paprika darin anbraten.
- Topf von Herd nehmen und das Paprikapulver zugeben.
- Die heiße Gemüsebrühe einrühren.
- Topf zurück auf den Herd und aufkochen lassen.
- Bei schwacher Hitze 15 Minuten leicht köcheln lassen.
- Mit einem Stabmixer die Sauce pürieren.
- In einer Tasse die Speisestärke mit etwas Wasser anrühren und in die Sauce einrühren.
- Sahne und Tomatenmark zugeben

- Die Sauce nochmals aufkochen.
- Mit Salz und Pfeffer abschmecken und 5 Minuten ziehen lassen.

Tomaten - Sahnesauce

Zutaten (4 Portionen)

- 150 g Tomatenmark
- 1 Zwiebel
- 1 Knoblauchzehe
- 300 ml Gemüsebrühe
- 100 ml Sojasahne
- 2 TL Oregano (Kräutermischung)
- 2 EL (Oliven)Öl
- Salz und Pfeffer zum Abschmecken

Zubereitung

- Zwiebel fein Würfeln und Knoblauchzehe pressen.
- Öl in einem Topf vom erhitzen und Zwiebel mit Knoblauch glasig anbraten.
- Topf von Herd nehmen und Gemüsebrühe mit Tomatenmark und Oregano einrühren.
- Topf zurück auf den Herd und aufkochen lassen.
- Bei schwacher Hitze 15 Minuten leicht köcheln lassen.
- Sahne und die Sauce nochmals aufkochen.
- Mit Salz und Pfeffer abschmecken und 5 Minuten ziehen lassen.

Currysauce

Zutaten (4 Portionen)

- 1 EL Currypulver
- 400 ml heiße Gemüsebrühe
- 200 ml Sojasahne
- 4 EL veganer Weißwein
- 30 g Mehl
- 30 g vegane Butter
- Salz und Pfeffer zum Abschmecken

Zubereitung

- Butter in einem Topf schmelzen.
- Topf vom Herd nehmen, Currypulver und Mehl einmischen.
- Die heiße Gemüsebrühe mit einem Schneebesen einrühren.
- Topf zurück auf den Herd und unter ständigem Rühren aufkochen lassen.
- Bei schwacher Hitze 10 Minuten leicht köcheln lassen.
- Weißwein und Sojasahne und einrühren.
- 5 Minuten ziehen lassen, dann mit Salz und Pfeffer abschmecken.
- Die Sauce vor dem Servieren noch einmal schaumig rühren.

Zigeunersauce

Zutaten (4 Portionen)

- 1 rote Paprika
- 1 gelbe Paprika
- 1 Chilischote
- 1 Zwiebel
- 1 Knoblauchzehe
- 100 ml Gemüsebrühe
- 300 ml Tomatenketchup
- 2 EL scharfer Senf
- 1 TL Paprikapulver
- 1 EL (Oliven)Öl
- Salz und Pfeffer zum Abschmecken

Zubereitung

- Paprika in sehr kleine Würfel schneiden, Chili fein hacken,
- Zwiebel fein würfeln und Knoblauchzehe pressen.
- Öl in einem Topf vom erhitzen und das Gemüse darin andünsten.
- Gemüsebrühe und Tomatenketchup einrühren.
- Topf zurück auf den Herd und aufkochen lassen.
- Bei schwacher Hitze 10 Minuten, unter gelegentlichem

Rühren leicht köcheln lassen.

- Senf einrühren und mit Salz und Pfeffer abschmecken.

Pesto

Zutaten

- 50 g Pinienkerne
- 50 g Walnusskerne
- 40 g Basilikum
- ½ TL Salz
- 4 EL Olivenöl.
- 2 EL Hefeflocken
- Optional: 1 Knoblauchzehe

Zubereitung

- Pinienkerne und Walnusskerne in eine erhitzte Pfanne geben und 2 Minuten unter häufigem wenden andünsten.
- Die Kerne mit allen Zutaten in eine Schüssel geben und mit dem Pürierstab zu einer feinen Masse verarbeiten.

Ketchup

Zutaten

- 200 g Tomatenmark
- 200 ml Gemüsebrühe
- 1 EL Zucker
- 3 EL Essig
- 2 TL Paprikapulver
- ½ TL Pfeffer
- 1 TL Salz

Zubereitung

- Alle Zutaten in einem Topf geben und aufkochen lassen.
- 5 Minuten köcheln lassen.
- In ein Schraubglas geben, abkühlen lassen und im Kühlschrank aufbewahren.

Suppen

Kokos - Süßkartoffelsuppe

Zutaten (4 Portionen)

- 1 Süßkartoffel
- 2 Frühlingszwiebeln
- 10 Champignons
- 8 Kirschtomaten
- 300 ml Gemüsebrühe
- 200 ml Kokosmilch
- ½ TL Zitronengras
- ½ TL Ingwer
- 1 EL Zitronensaft
- ½ TL Salz

Zubereitung

- Die Süßkartoffel schälen und klein schneiden.
- Die Frühlingszwiebeln in Ringe schneiden, Champignons und Tomaten halbieren.
- Gemüsebrühe in einem Topf aufkochen und die Süßkartoffel darin 5 Minuten kochen.
- Kokosmilch, Zitronengras, Ingwer, 1 EL Zitronensaft, die Tomaten und die Champignons dazugeben und weitere 5 Minuten köcheln.
- Die Frühlingszwiebeln hinzugeben und kurz ziehen lassen.
- Mit Salz abschmecken.

- Wer es gerne dünner mag, kann die Suppe jetzt auch pürieren.

Karottensuppe

Zutaten

- 500 g Karotten
- 1 Zwiebel
- 1 Knoblauchzehe
- 1000 ml warme Gemüsebrühe
- 150 ml Sojasahne
- 2 EL (Raps)Öl
- 1 TL Paprikapulver
- Salz und Pfeffer zum Abschmecken.

Zubereitung

- Karotten schälen und waschen und in kleine Stücke schneiden.
- Zwiebel fein hacken, Knoblauchzehe pressen.
- Öl in einer hohen Pfanne erhitzen und Zwiebel mit Knoblauch 3 Minuten darin anbraten.
- Gemüsebrühe und Karotten zugeben und solange köcheln lassen bis die Karotten weich sein.
- Die Suppe mit einem Pürierstab pürieren.
- Sojasahne und Paprikapulver zugeben und 5 Minuten ziehen lassen.
- Mit Salz und Pfeffer abschmecken und in tiefen Tellern servieren.

Knoblauchcremesuppe

Zutaten

- 6 Knoblauchzehen
- 1000 ml warme Gemüsebrühe
- 4 Toastbrotscheiben
- 250 ml Sojasahne
- 2 EL Petersilie
- 1 TL Salz

Zubereitung

- Knoblauchzehen klein hacken.
- Toast würfeln.
- Gemüsebrühe im Topf aufkochen, Knoblauch und Salz zugeben.
- Für 5 Minuten köcheln lassen.
- Toast zugeben und für weitere 10 Minuten köcheln lassen.
- Sojasahne zugeben und mit einem Pürierstab die Suppe pürieren.
- 5 Minuten ziehen lassen.
- Mit Petersilie bestreuen und in tiefen Tellern servieren.

Kürbissuppe

Zutaten (4 Portionen)

- 500 g Hokkaido Kürbis
- 600 ml Gemüsesuppe
- 1 Zwiebel
- 1 Knoblauchzehe
- ½ TL Ingwerpulver
- 1 Prise Muskatnuss
- 1 Prise Salz und Pfeffer
- 3 EL (Raps)Öl zum Anbraten
- Kürbiskernöl zum Beträufeln

Zubereitung

- Kürbis entkernen und in kleine Würfel schneiden.
- Knoblauchzehe pressen und Zwiebel klein würfeln.
- In einem erhitzten Topf mit Öl glasig andünsten.
- Kürbis zugeben und kurz mit anbraten.
- Mit der Gemüsesuppe aufgießen.
- Gewürze zugeben und 20 Minuten köcheln lassen.
- Wenn der Kürbis weichgekocht ist, die Suppe pürieren.
- Sollte die Suppe zu dickflüssig sein mit etwas Wasser verflüssigen und kurz aufkochen.
- In Teller servieren und mit Kürbiskernöl beträufeln.

Kartoffelsuppe

Zutaten (4 Portionen)

- 500 g Kartoffeln
- 500 g Suppengemüse (Möhren, Wurzelpetersilie, Porree, Sellerie)
- 1 Zwiebel
- 1 L Gemüsebrühe
- 50 ml Sojasahne
- 2 EL Petersilie
- Salz, Pfeffer Thymian und Majoran
- 2 EL Öl

Zubereitung

- Kartoffeln und Suppengemüse waschen, schälen und klein schneiden. Zwiebel klein hacken.
- 1 EL Öl in einem großen Topf erhitzen und die Kartoffeln mit dem Suppengemüse kurz anbraten
- Gemüsebrühe hinzugeben und 30 Minuten köcheln lassen.
- Die Suppe pürieren.
- Restliches Öl in einer kleinen Pfanne erhitzten und die Zwiebel darin goldgelb dünsten.
- Die Suppe nach Belieben mit Salz, Pfeffer, Thymian, Majoran würzen.
- Die Zwiebel und die Sojasahne in die Suppe rühren und

noch 5 Minuten ziehen lassen.

- In tiefen Tellern servieren und mit Petersilie bestreuen.

Blumenkohlsuppe

Zutaten

- 1 Blumenkohl
- 1 Kartoffel
- 3 Karotten
- 2 Zwiebel
- 1 Knoblauchzehe
- 700 ml Gemüsebrühe
- 1 TL Currypulver
- ½ TL Ingwerpulver
- 2 Prisen Pfeffer
- 1 Prise Salz
- 3 EL (Raps)Öl
- 1 EL Petersilie zum Garnieren

Zubereitung

- Blumenkohl, Kartoffel und Karotten in kleine Würfel schneiden.
- Knoblauchzehe pressen und Zwiebel klein würfeln.
- Öl einem Topf erhitzten und Zwiebel mit Knoblauch glasig andünsten.
- Blumenkohl mit Karotten zugeben und kurz mit anbraten.
- Mit der Gemüsebrühe aufgießen.

- Gewürze zugeben und 20 Minuten köcheln lassen.
- Mit einem Pürierstab die Suppe pürieren.
- Sollte die Suppe zu dickflüssig sein mit etwas Wasser verflüssigen und kurz aufkochen.
- Suppe im Teller servieren und mit Petersilie garnieren.

Paprikasuppe

Zutaten (4 Portionen)

- 5 Paprika
- 1 Zwiebel
- 1 Knoblauchzehe
- 300 ml Gemüsebrühe
- 180 ml Kokosmilch
- 1 EL Speisestärke
- 2 EL (Raps)Öl
- Salz sowie Chiliflocken

Zubereitung

- Paprika putzen und grob würfeln, Zwiebel klein würfeln und Knoblauchzehe pressen.
- Einen Topf mit Öl erhitzen und die Zwiebel glasig anbraten.
- Paprikawürfel zufügen, anbraten und mit Brühe ablöschen.
- Knoblauch zugeben und 20 Minuten leicht köcheln lassen.
- Die Suppe pürieren.
- Die Kokosmilch mit der Speisestärke gut verrühren und zugeben.
- Mit Salz und Chili abschmecken.

Brokkolicremesuppe

Zutaten (4 Portionen)

- 1 Brokkoli
- 4 Kartoffeln
- 1 Zwiebel
- 1 Knoblauchzehe
- 800 ml Gemüsebrühe
- 200 ml Pflanzendrink
- 2 EL vegane Butter
- Salz

Zubereitung

- Kartoffeln würfeln, Zwiebel kleine würfeln, Knoblauchzehe pressen.
- Einen Topf mit Öl erhitzen und die Zwiebel glasig anbraten.
- Gemüsebrühe, Knoblauch und Kartoffeln zugeben und im geschlossenen Topf 5 Minuten kochen.
- Währenddessen Brokkoliröschen abtrennen und die Stiele klein schneiden.
- Brokkoli zugeben und weitere 15 Minuten kochen.
- Pflanzendrink und vegane Butter hinzugeben, pürieren.
- Mit Salz abschmecken und noch einmal kurz aufkochen lassen.

Champignonsuppe

Zutaten (2 Portionen)

- 150 g Champignons
- 1 Zwiebel
- 1 Knoblauchzehe
- 300 g Gemüsebrühe
- 75 g Sojasahne
- ½ TL Pfeffer
- 1 TL Salz
- 2 EL (Raps)Öl

Zubereitung

- Champignons in Scheiben schneiden, Zwiebel klein würfeln und Knoblauchzehe pressen.
- Einen Topf mit Öl erhitzen und die Zwiebel glasig anbraten.
- Gemüsebrühe und Champignons zugeben und 10 Minuten köcheln lassen.
- Sojasahne zugeben und nochmals aufkochen und 5 Minuten ziehen lassen.
- Suppe mit Salz und Pfeffer abschmecken und in tiefen Tellern servieren.

Tomatensuppe mit Gemüse

Zutaten (4 Portionen)

- 1 Dose gehackte Tomaten
- 1 Dose passierte Tomaten
- 3 Karotten
- 1 Zwiebel
- 2 Knoblauchzehen
- 1 Lauch
- 1 Lauchzwiebel
- 1 Zucchini
- 2 EL (Kokos)Öl
- Salz zum Abschmecken

Zubereitung

- Das Gemüse klein schneiden, Knoblauchzehen pressen.
- Einen Topf mit Öl erhitzen und die Zwiebel glasig anbraten.
- Alle Zutaten außer Tomaten zugeben und 5 Minuten köcheln lassen.
- Tomaten in den Topf geben und bei kleiner Hitze 20 Minuten köcheln lassen.
- Suppe pürieren und mit Salz abschmecken.

Minestrone

Zutaten (4 Portionen)

- 120 g kleine italienische Hartweizennudeln
- 1000 ml Gemüsebrühe
- 700 g Gemüse nach Wahl (z.b. Kartoffel, Karotte, Tomaten usw)
- 1 Zwiebel
- 1 TL Salz
- 3 EL Olivenöl zum Anbraten

Zum Servieren:

- 6 TL Olivenöl

Zubereitung

- Zwiebel und Gemüse klein hacken.
- Öl in einem Topf erhitzen und Zwiebel darin glasig anbraten.
- Gemüsebrühe und Gemüse zugeben.
- Aufkochen und die Suppe 20 Minuten bei niedriger Hitze köcheln lassen.
- Salz und Nudeln zugeben.
- Zeit gemäß Packungsangabe der Nudeln kochen lassen. Minestrone in tiefe Teller geben und mit Öl betreufeln.

Spargelcremesuppe

Zutaten

- 250 g weißer Spargel
- 900 ml Wasser (Spargelwasser und Brühe)
- 100 ml Sojasahne
- 40 g Mehl
- 1 Brühwürfel
- 1 TL Zitronensaft
- 1 TL Zucker
- 1 Prise Muskat
- 2 EL (Raps)Öl
- Salz zum Abschmecken
- Optional: 2 EL veganer Weißwein

Zubereitung

- Spargel schälen und in 3- 4 cm langer Stücke schneiden.
- Wasser in einen Topf aufkochen, leicht salzen und den Spargel gar kochen.
- Spargel abgießen und das Spargelwasser auffangen.
- Spargelwasser abmessen und bei Bedarf mit Wasser auffüllen, das es 900 ml ergibt.
- Öl in einem Topf erhitzen, Mehl zugeben und unter ständigem Rühren hellgelb anschwitzen.

- Flüssigkeit und Brühwürfel, (Optional Weißwein) zugeben, aufkochen und den Herd abschalten.
- Sojasahne zugeben und die Suppe 5 Minuten ziehen lassen.
- Spargel, Zucker, Muskat und Zitronensaft zugeben.
- Die Suppe kann jetzt nach Belieben püriert werden.
- Mit Salz und Pfeffer abschmecken und in tiefen Tellern servieren.

Lauchsuppe

Zutaten (2 Portionen)

- ½ Stange Lauch
- 2 EL Mehl
- 500 ml Gemüsebrühe
- 4 EL Pflanzendrink
- 1 EL Zitronensaft
- 2 EL vegane Butter

Zubereitung

- Wurzeln und äußere Blätter vom Lauch entfernen, grünes Ende längs einschneiden und gründlich waschen.
- Schneiden Sie den Lauch in Ringe
- Butter in einem Topf erhitzen und Lauch darin anbraten.
- Mehl einrühren, bis sich mit der Butter verbunden hat.
- Gemüsebrühe, Pflanzendrink und Zitronensaft zugeben, und nur kurz aufkochen.

Linsensuppe

Zutaten (4 Portionen)

- 250 g rote Linsen (trocken)
- 1 Zwiebel
- 4 Kartoffeln
- 1 Bund Suppengemüse
- 3 Lorbeerblätter
- 1 L Gemüsebrühe
- 3 EL gehackte Petersilie
- Pfeffer und Salz zum Abschmecken
- 3 EL (Raps)Öl

Zubereitung

- Linsen in reichlich Wasser ohne Salz aufkochen und 15 Minuten, auf niedriger Stufe köcheln lassen.
- Zwiebel klein hacken, Kartoffeln schälen und in kleine Würfel schneiden, das Suppengemüse putzen und in sehr kleine Würfel schneiden.
- Linsen in ein Sieb abgießen und abtropfen lassen.
- Zwiebel und Suppengemüse in einem großen Topf mit Öl andünsten.
- Kartoffelwürfel hinzugeben und mit Gemüsebrühe ablöschen.
- Lorbeerblätter und die vorgekochten Linsen hinzufügen.

- Die Linsensuppe muss so lange gekocht werden, bis die Kartoffelwürfel weich sind.
- Zum Schluss kommt die gehackte Petersilie hinzu und die Suppe mit Pfeffer und Salz abschmecken.

Steckrübensuppe

Zutaten (4 Personen)

- ½ Steckrübe
- 1 Zwiebel
- 1000 ml (kalte) Gemüsebrühe
- 250 ml Sojasahne
- 3 EL Butter
- 2 EL Mehl
- ½ TL Muskat
- 4 EL Hefeflocken
- Salz und Pfeffer zum Abschmecken
- Petersilie zum Garnieren

Zubereitung

- Zwiebel und Steckrübe klein würfeln
- Butter in einem Topf erhitzen und Gemüse darin gut andünsten.
- Mit Mehl bestäuben und eine Mehlschwitze bereiten.
- Gemüsebrühe zugeben und aufkochen lassen.
- Auf mittlerer Stufe 25 Minuten köcheln lassen.
- Die Suppe mit einem Pürierstab cremig pürieren.
- Sojasahne und Muskat zugeben und nochmal aufkochen lassen.
- 3 Minuten auf mittlerer Stufe köcheln lassen.

- Hefeflocken einrühren und mit Salz und Pfeffer abschmecken.
- Die Suppe mit Petersilie garniert servieren.

Salate

Karottensalat

Zutaten (4 Portionen)

- 1 kg Karotten
- 1 Zwiebel
- 1 Knoblauchzehe
- 100 ml (Raps)Öl
- 1 EL Essig
- 1 TL Salz
- 1 TL Koriander
- 1 TL Zucker

Zubereitung

- Karotten raspeln und mit Essig vermengen.
- Knoblauchzehe pressen und Zwiebel klein würfeln.
- Öl in einem Topf erhitzen.
- Zwiebel und Knoblauch zugeben und bei mittlerer Hitze Stufe 3 Minuten anbraten.
- Den Topfinhalt über die Karotten gießen und mit den restlichen Zutaten verrühren.
- Vor dem Servieren 15 Minuten ziehen lassen.

Schneller Rotkohlsalat

Zutaten

- ½ Kopf Rotkohl
- 300 g Karotten
- 1 Apfel
- 4 EL Limettensaft
- 6 EL Orangensaft
- 4 EL (Raps)Öl
- 1 TL Salz
- ½ Teelöffel Currypulver

Zubereitung

- Karotten und Äpfel putzen, die Äpfel entkernen.
- Den Rotkohl putzen und in grobe Stücke schneiden.
- Alle Zutaten in den Mixer geben.
- 4 Sekunden auf niedriger Stufe grob zerkleinern und mit einem Löffel nach unten schieben.
- Nochmals 4 Sekunden auf mittlerer Stufe zerkleinern.

Tomatensalat

Zutaten (4 Portionen)

- 500 g Tomaten
- 3 EL Balsamico - Essig
- 1 Bund Petersilie oder Schnittlauch
- Pfeffer und Salz

Zubereitung

- Tomaten vierteln. Petersilie fein hacken, bzw. Schnittlauch klein schneiden.
- Tomaten in eine Schüssel geben und mit Balsamico beträufeln.
- Mit Salz und Pfeffer abschmecken.
- Mit Petersilie bzw. Schnittlauch garnieren.

Weißkohlsalat

Zutaten

- ½ Weißkohl
- 3 Karotten
- 1 EL Weißweinessig
- 1 EL (Raps)Öl
- ½ TL Salz
- ½ TL Pfeffer
- Schnittlauch zum Garnieren

Zubereitung

- Weißkohl in feine Streifen schneiden, Karotten fein raspeln.
- Alle Zutaten miteinander vermischen.
- Mit Schnittlauch garnieren und 2 Stunden im Kühlschrank ziehen lassen.

Bohnensalat

Zutaten (4 Portionen)

- 1 Dose weiße Bohnen
- 1 Apfel
- 1 Orange
- 1 Zwiebel
- 2 TL Senf
- 1 TL Thymian
- 1- 2 EL Weißweinessig
- 4 EL (Raps)Öl
- ½ TL Pfeffer
- ½ TL Salz

Zubereitung

- Bohnen in eine Sieb schütten, gut abwaschen und abtropfen lassen.
- Bohnen in einen Salatschüssel geben.
- Orange und Apfel klein schneiden, Zwiebel fein würfeln.
- Orange, Apfel, Zwiebel und Thymian zu den Bohnen mischen.
- In einer separaten Schüssel Öl, Essig, Senf, Salz und Pfeffer verrühren und über den Salat gießen.
- Den Salat im Kühlschrank eine Stunde ziehen lassen.

Rote Bete Salat

Zutaten (4 Portionen)

- 1 Packung Rote Bete, gekocht und geschält
- 1 Handvoll Walnüsse
- 1 Handvoll getrocknete Pflaumen
- 1 Knoblauchzehe
- 1 TL Salz
- 1 TL Zucker

Zubereitung

- Knoblauchzehe pressen und Rote Bete reiben.
- Alle Zutaten miteinander vermengen.
- Mindestens 2 Stunden im Kühlschrank ziehen lassen.

Koreanischer Gurkensalat

Zutaten (4 Portionen)

- 1 große Gurke
- 1 Frühlingszwiebel
- 1 Knoblauchzehe
- 2 EL Reisessig
- 1 EL Sojasauce
- 1 EL Sesam
- 1 EL Zucker
- 1 TL Chiliflocken (z.b. koreanische Gochugaru)
- 1 TL Sesamöl
- 1 TL Salz

Zubereitung

- Gurke waschen und in 1 cm dicke Scheiben schneiden.
- Gurke mit Salz in einer Schüssel verrühren und 30 Minuten ziehen lassen.
- In einer Pfanne Sesam ohne Öl anrösten und in einen Teller geben.
- Frühlingszwiebel klein schneiden, Knoblauchzehe pressen.
- Alle Zutaten, außer der Gurke und Sesam, in der Schüssel verrühren.
- Nach 30 Minuten die Gurke gut abwaschen und in die Schüssel geben.

- Alles gut vermischen.
- Auf Teller geben und mit Sesam garnieren.

Bulgursalat

Zutaten (4 Portionen)

- 1 Bund Frühlingszwiebeln
- 300 g Bulgur
- 300 ml Tomatensaft
- 300 ml Wasser
- 3 EL Petersilie
- 4 EL Erdnüsse
- 1 Prise Zimt
- 1 Prise Pfeffer
- 1 Prise Salz
- 7 EL (Raps)Öl

Zubereitung

- Frühlingszwiebel in feine Ringe schneiden.
- Öl in einer Pfanne erhitzen und die Frühlingszwiebel darin andünsten.
- Bulgur hinzufügen und für 2 Minuten, bei mittlerer Hitze anbraten.
- Wasser, Tomatensaft, Salz und Pfeffer hinzufügen.
- Bulgur für 10 Minuten, zugedeckt bei kleiner Flamme köcheln lassen.
- In einer Pfanne die Erdnüsse anrösten.

- Zimt darüber streuen und mitrösten.
- Petersilie und Erdnüsse unter den Bulgur mischen und heiß servieren.

Hauptspeisen

Nudelpfanne mit Champignons

Zutaten (4 Portionen)

- 250 g Hartweizenspaghetti
- 1 TL Kurkuma
- 1 Zwiebel
- 3 kleine Zucchini
- 250 g Champignons
- 1 TL Kreuzkümmel
- 1 EL Currypulver
- 4 EL Schnittlauch oder Petersilie (frisch oder TK)
- 2 EL Sojasoße
- (Sesam)Öl zum Anbraten
- Pfeffer und Salz

Zubereitung

- Spaghetti in vier Teile brechen (vierteln), kochen und dabei Kurkuma ins Kochwasser geben.
- Champignons und Zucchini in dünne Scheiben schneiden.
- Die Zwiebel in halbe Scheiben schneiden, mit 1 EL Öl 3 Minuten anbraten.
- Champignons dazugeben und 3 Minuten mitbraten.

- Zucchini, Kreuzkümmel, Currypulver hinzugeben und 5 Minuten braten.
- Spaghetti, Sojasoße, Pfeffer, Schnittlauch/ Petersilie dazugeben und gut vermischen.

Borschtsch

Zutaten

- 400 g Weißkohl
- 400 g Rote Bete
- 400 g vorwiegend festkochende Kartoffeln
- 200 g Räuchertofu
- 2 Zwiebeln
- 2 Knoblauchzehen
- 1 EL vegane Butter
- 1 TL Tomatenmark
- 800 ml Gemüsebrühe
- 200 g Pizzatomaten
- 1 TL Paprikapulver
- 1 TL Kümmel
- 4 EL Sojasahne
- 2 EL Zitronensaft
- Salz, Pfeffer und Essig zum Abschmecken

Zubereitung

- Zwiebeln und Kohl in feine Streifen schneiden und Knoblauch pressen.

- In einem großen Topf Butter zerlassen,
- Zwiebeln, Kohl und Knoblauch bei mittlerer Hitze 4 Minuten darin dünsten.
- Tomatenmark zugeben und unter Rühren kurz dünsten.
- Mit Brühe und Tomaten aufgießen, mit Paprikapulver und Kümmel würzen und zugedeckt bei mittlerer Hitze 20 Minuten kochen.
- Rote Bete und Kartoffeln schälen und in 1 cm breite Streifen schneiden.
- Beides zum Kohl geben und weitere 25 Minuten garen.
- Tofu würfeln, zugeben und 5 Minuten köcheln lassen.
- Eintopf mit Salz, Pfeffer, Zitronensaft und Essig abschmecken.
- Mit Sojasahne servieren.

Chili sin Carne

Zutaten (4 Portionen)

- 400 g Tofu Natur
- 500 g passierte Tomaten
- 2 Dosen Kidneybohnen
- 1 Zwiebel
- 1 Dose Mais
- 1 Paprika
- Salz, Pfeffer, Paprikapulver und Chilipulver
- 4 EL Tomatenmark
- 1 EL (Raps)Öl
- ein wenig Gemüsebrühe

Zubereitung

- Zwiebel und Paprika schälen und klein würfeln.
- Tofu mit Küchenpapier abtrocknen und klein würfeln.
- Öl in einem Topf erhitzen.
- Tofu und die Zwiebel 5 Minuten lang bei geschlossenem Deckel anbraten lassen.
- Paprikawürfel hinzu geben und kurz mitbraten.
- Passierte Tomaten zugeben und aufkochen.

- Abgetropfte Kidneybohnen und abgetropften Mais hinzugeben und das Tomatenmark einrühren.
- Nach und nach wird das Ganze mit etwas Gemüsebrühe so aufgefüllt, dass es die typische Konsistenz von Chili erreicht.
- Nach dem Abwürzen wird das Chili erneut aufgekocht.

Falafel

Zutaten

- 120 g Kichererbsenmehl
- 1 Zwiebel
- 2 Knoblauchzehen
- 200 ml Wasser
- 1 El Petersilie
- 1 TL Salz
- ½ TLKreuzkümmel
- ½ TL Zitronensaft
- 1 TL (Oliven)Öl
- 1 Prise Backpulver
- (Oliven)Öl zum Braten

Zubereitung

- Zwiebel fein würfeln und die Knoblauchzehen pressen.
- Wasser in einem Topf zum Kochen bringen.
- Alle trockenen Zutaten miteinander verrühren und mit dem kochenden Wasser übergießen.
- Gut miteinander vermischen und 15 Minuten quellen lassen.
- Teig mit Zitronensaft und Öl mischen.
- Öl in einer Pfanne erhitzen.
- Mit befeuchteten Händen Falafel formen und bei mittlerer

Hitze ausbraten.

- Wenn möglich nur einmal wenden und zugedeckt braten.

Räuchertofu Auflauf

Zutaten (4 Portionen)

- 200 g Räuchertofu
- 400 Tomatenstücke (aus der Dose)
- 50 ml Sojasahne
- 2 Zwiebeln
- 3 Knoblauchzehen
- 2 Paprika
- 1 Aubergine
- 1 EL (Raps)Öl
- 1 TL Oregano
- Salz und Pfeffer

Zubereitung

- Backofen auf 180° C Umluft vorheizen.
- Zwiebeln in Würfel schneiden, Knoblauch pressen, Paprika und Aubergine sowie den Tofu in ca. 1 cm große Würfel schneiden.
- Öl in einer Pfanne erhitzen und Zwiebel mit Knoblauch glasig anschwitzen
- Paprika zugeben und 8 Minuten bei milder Hitze dünsten.

- Die warme Gemüse-Mischung zusammen mit den Tofu- und Auberginenwürfeln in eine flache Auflaufform geben und mischen.
- Tomaten mit der Sojasahne verrühren und mit Pfeffer, Salz und Oregano abschmecken.
- Über den Auflauf geben und im Backofen ca. 45 Minuten schmoren lassen.

Frühlingsrollen

Zutaten (4 Personen)

- 200 g Mungobohnensprossen
- 1 Paprika
- 2 Karotten
- 100 g Weißkohl
- 2 Knoblauchzehen
- 1 kleine Zwiebel
- 2 EL Sojasoße
- 1 EL Koriander
- 1 TL Ingwer
- 2 EL (Erdnuss)Öl zum Anbraten
- 20 Blatt Frühlingsrollenteig (oder Filoteig)
- (Erdnuss)Öl zum Bepinseln

Zubereitung

- Backofen auf 180 Grad C Umluft vorheizen.
- Salat, Gemüse kleinschneiden und Knoblauchzehen pressen.
- Öl im Wok, oder einer großen Pfanne, erhitzen und Knoblauch, Zwiebel, Karotten und Weißkohl 2 Minuten, auf mittlerer Stufe anbraten.
- Paprika, Mungobohnensprossen zugeben und weitere 3 Minuten mitbraten.

- Mit Sojasoße, Ingwer und Koriander würzen.
- Die Füllung in die Teigblätter, gemäß Packungshinweis, einrollen.
- Die Rollen danach mit Öl bepinseln und auf 2 mit Backpapier ausgelegte Backbleche legen.
- Im Ofen 12 Minuten backen und nach der Hälfte der Zeit evtl. Einmal drehen.

Thai Curry

Zutaten (4 Portionen)

- 250 g Tofu
- 1 Knoblauchzehe
- 30 g frischer Ingwer
- 1 grüne Chilischote
- 3 Frühlingszwiebeln
- 250 g grüner Spargel
- 200 ml Kokosmilch
- 200 ml Gemüsebrühe
- 100 g Sojasprossen
- 2 EL Curry
- 1 EL Zitronensaft
- 3 EL (Kokos)Öl
- 1 Prise Zucker
- Salz

Beilage: Reis

Zubereitung

- Tofu abtrocknen und in 2 cm große Würfel schneiden.
- 1 TL Currypulver mit 2 El Öl verrühren, mit dem Tofu mischen und 15 Min. marinieren.
- Ingwer klein hacken, Knoblauch pressen und Chili fein würfeln.
- Frühlingszwiebeln putzen. Vom Spargel das untere Drittel schälen, die Enden abschneiden. Frühlingszwiebeln und Spargel schräg in 3 cm lange Stücke schneiden.
- Tofu in einem heißen Wok rundherum 5 Min. anbraten, salzen und herausnehmen.
- 1 El Öl im Wok erhitzen. Knoblauch, Ingwer, Chili, Frühlingszwiebeln und Spargel unter Rühren 5 Min. braten und salzen.
- Mit 1 TL Currypulver bestäuben und kurz mitbraten.
- Kokosmilch und Brühe zugießen, aufkochen und bei mittlerer Hitze 7 Min. köcheln lassen.
- Tofu und die Hälfte der Sojasprossen untermischen und 3 Min. mitkochen.
- Mit Salz, 1 Prise Zucker und Zitronensaft abschmecken.
- Mit den restlichen Sojasprossen bestreut servieren.
- Als Beilage empfehle ich Reis.

Ofengemüse

Zutaten (4 Portionen)

- 4 Kartoffeln
- 1 Zucchini
- 2 Paprika
- 2 Zwiebeln
- 4 EL Olivenöl
- 1 - 2 EL Gewürze nach Belieben (Rosmarin, Tyhmian, Oregano...)
- Salz und Pfeffer nach Belieben

Zubereitung

- Backofen auf 180° C Umluft vorheizen.
- Kartoffeln in Spalten schneiden. Zucchini in Scheiben schneiden. Paprika in Streifen schneiden. Zwiebel in Ringe schneiden.
- Ein Backblech mit einem Backpapier auslegen und das Gemüse darauf gleichmäßig verteilen.
- Gewürze über dem Gemüse verteilen.
- Im Ofen für 30 – 35 Minuten garen.
- Kurz abkühlen lassen und servieren.

Kartoffel - Karotten Rösti

Zutaten (8 Rösti)

- 200 g Kartoffeln
- 200 g Karotten
- 2 EL Pflanzendrink
- 1 EL Speisestärke
- ½ TL Zitronensaft
- Prise Muskat
- 3 EL (Raps)Öl
- Salz

Zubereitung

- Die Kartoffeln und die Karotten schälen und grob mit einer Küchenreibe zerreiben.
- Mit Pflanzendrink, Speisestärke, Zitronensaft, Salz und Muskat vermischen.
- Öl in einer Pfanne erhitzen.
- Mithilfe von runden Ausstechern in der Pfanne 8 gleich große Rösti formen.
- Die Ausstecher wegnehmen und die Rösti auf beiden Seiten schön goldbraun braten lassen.

Chop Suey

Zutaten (4 Portionen)

- 2 Paprika
- 150 g Blumenkohl
- 100 g Brokkoli
- 3 Karotten
- 1 Zwiebel
- 100 g Champignons
- ½ Glas Soja-Sprossen
- 6 Mini - Maiskolben
- 200 ml Wasser
- 100 ml Sojasauce
- 2 EL Zucker
- ½ TL Ingwer
- 1 TL Paprika
- 3 EL Öl zum Anbraten

Beilage: Reis

Zubereitung

- Paprika, Champignons, Zwiebel, Blumenkohl, Brokkoli und Karotten in mundgerechte Stücke schneiden.
- Sojasprossen in ein Sieb geben und gut abtropfen

lassen.

- Mini-Maiskolben einmal längs und einmal quer halbieren.
- In einem Topf Wasser zum Kochen bringen, vom Herd nehmen, Blumenkohl und Brokkoli hineingeben und ziehen lassen, bis die Soße fertig ist.
- 150 ml Wasser, Sojasauce, Zucker, Ingwer- und Paprikapulver in einem Topf aufkochen lassen.
- Die Stärke in 50 ml Wasser auflösen, dann langsam unter die Sauce rühren.
- Kurz aufkochen, dann bei kleiner Hitze köcheln lassen, bis das Gemüse fertig ist.
- Öl in einer Pfanne erhitzen.
- Zunächst die Karotten hineingeben, nach 2 Minuten Paprika, Champignons, Blumenkohl und Brokkoli, nach nochmal 2 Minuten die Mini-Maiskolben und die Sojasprossen dazugeben und kurz anbraten.
- Die Soße hinzugeben und bei kleiner Hitze kurz köcheln lassen (Das Gemüse sollte noch bissfest bleiben).
- In vorgewärmten Tellern mit Reis servieren.

Spinat - Risotto

Zutaten (4 Portionen)

- 300 g Risotto Reis
- 400 g frischen Baby-Spinat (oder TK Spinat, abgetropft)
- 1 rote Chilischote
- 2 Stängel Zitronengras
- 1 Zwiebel
- 2 Knoblauchzehen
- 1200 ml Gemüsebrühe
- 300 m veganer Weißwein
- 1 EL Zitronensaft
- etwas Salz und Pfeffer
- 2 EL (Oliven)Öl

Zubereitung

- Babyspinat waschen und ihn in feine Streifen schneiden.
- Zwiebel und Knoblauch fein würfeln.
- Chilis entkernen und klein schneiden.
- Zitronengras waschen, putzen und aus jeder Stange einen Knoten bilden.
- Öl in einem Topf erhitzen und Zwiebel mit Knoblauch

andünsten.

- Reis hinzufügen und gut umrühren.
- Nach 1 Minute Weißwein hinzufügen und einköcheln lassen.
- Zitronengras-Knoten hinzugeben, dann schrittweise Gemüsebrühe hinzufügen und Risotto unter ständigem Umrühren für 15 Minuten garen.
- Zitronengras entfernen und Spinatblätter hinzugeben.
- Weitere 5 Minuten unter ständigem Rühren köcheln lassen. (Solange bis der Spinat zusammen gefallen ist)
- Mit Zitronensaft, Salz und Pfeffer abschmecken.

Karotten – Risotto

Zutaten (4 Portionen)

- 500 g Risotoreis
- 5 Karotten
- 1 Zwiebel
- 1 Knoblauchzehe
- 1000 ml Gemüsebrühe
- 250 ml veganer Weißwein
- 1 EL Petersilie
- 1 TL Zitronensaft
- 3 Prisen Pfeffer
- 3 Prise Salz
- 3 EL (Oliven)Öl zum Braten

Zubereitung

- Gemüsebrühe in einem Topf zubereiten und warmhalten.
- Zwiebel klein würfeln, Knoblauchzehe pressen und die Karotten zu feinen Stiften schneiden.
- 2 EL Öl in einem Topf erhitzen und Zwiebel und Knoblauch glasig anbraten.
- Den Reis zugeben und kurz andünsten.
- Mit Wein ablöschen.
- Die Karotten hinzufügen und 5 Minuten auf mittlerer Hitze köcheln lassen.

- Die Gemüsebrühe hinzufügen und solange köcheln lassen bis das Risotto weich ist, aber noch Biss hat.
- Restliches Öl mit Petersilie, Zitronensaft, Salz und Pfeffer unterrühren.
- In tiefen Tellern servieren.

Paprika - Couscous

Zutaten (2 Portionen)

- 300 ml Gemüsebrühe
- 200g Couscous
- 2 Paprika
- 1 EL Tomatenmark
- 2 EL Sojasauce
- 2 EL Currypaste (rot oder gelb)
- 2 EL Weißweinessig
- 2 EL (Oliven)Öl
- Salz, Pfeffer, Chili

Zubereitung

- Currypaste mit Gemüsebrühe in einem Topf erhitzen und zum Kochen bringen.
- Couscous hinzugeben und den Topf wieder vom Herd nehmen.
- Couscous quellen lassen.
- Paprika waschen, entkernen und kleine würfeln und später zum Couscous geben.
- Tomatenmark, Sojasauce und Essig zusammenrühren und zur Couscous-Paprika-Mischung geben.

- Salz, Pfeffer und Chili zugeben und alles abschmecken.

Kürbisragout

Zutaten (4 Portionen)

- ½ Hokkaido-Kürbis
- 250 ml Pflanzendrink
- 2 EL Mehl
- 1 EL Hefeflocken
- 1 Prise Muskat
- 2 EL (Raps)Öl
- Salz

Zubereitung

- Gewaschenen und Entkernten Kürbis in etwa 2x2 Zentimeter große Stücke schneiden.
- Öl in einem Topf erhitzen und Kürbis darin andünsten.
- Mehl einrühren, bis es sich mit dem Öl verbunden hat.
- Langsam Pflanzendrink hinzugeben. Dabei fleißig rühren, damit sich keine Klümpchen bilden werden.
- Hefeflocken zugeben und mit Salz und Muskat abschmecken.
- 15 Minuten, unter gelegentlichem Umrühren, auf niedriger Stufe köcheln lassen, bis die Kürbiswürfel weich sind.

Baked Beans

Zutaten (4 Portionen)

- 2 Dosen weiße Bohnen
- 400 g passierte Tomaten
- 3 EL Tomatenmark
- 1 Zwiebel
- 1 Knoblauchzehe
- 3 EL Zucker
- 1 EL (Raps)Öl
- Salz
- Pfeffer
- Chilipulver

Zubereitung

- Backofen auf 180 C Umluft vorheizen.
- Knoblauchzehe pressen und Zwiebel klein hacken.
- Öl in einer Pfanne erhitzen und Zwiebel mit Knoblauch glasig anbraten.
- Bohnen mit passierten Tomaten in eine Auflaufform geben.
- Angebratene Zwiebel mit Knoblauch und den restlichen

Zutaten in die Auflaufform geben und alles gut vermischen.

- Im Backofen für 30 Minuten backen.

Pichelsteiner

Zutaten

- 40 g Soja Würfel (Trockenprodukt)
- 400 g Kartoffel
- 200 g Kohlrabi
- 200 g Karotten
- 200 g Sellerie
- 1 Stange Lauch
- 1 Zwiebel
- 3 EL (Raps)Öl
- 1000 ml Gemüsebrühe
- 2 Prisen Muskat
- Salz und Pfeffer zum Abschmecken
- 4 EL Petersilie zum Garnieren

Zubereitung

- Zwiebel klein hacken und Gemüse in kleine Würfel oder Scheiben schneiden.
- Sojawürfel in der Gemüsebrühe aufkochen und 10 Minuten ziehen lassen.
- Sojawürfel mit einem Sieb aus der Gemüsebrühe nehmen.
- Gemüsebrühe beiseite stellen.
- Öl in einem Topf erhitzen.

- Im Topf Zwiebel, Lauch, Kartoffel, Kohlrabi, Sellerie, Karotten und Sojawürfel schichtweise zugeben.
- Jede Schicht leicht mit Salz, Pfeffer und Muskat würzen.
- Mit Gemüsebrühe übergießen, bis das Gemüse zu ¾ bedeckt ist.
- Zugedeckt für 30 Minuten, bei mittlerer Hitze köcheln lassen. Dabei nicht umrühren!
- Wenn die Kartoffeln bissfest sind, umrühren und mit Petersilie garniert servieren.

Nudeln mit Spinat

Zutaten (2 Portionen)

- 250 g Hartweizennudeln
- 200 g TK Blattspinat
- 50 g Sojasahne
- Salz

Zubereitung

- Hartweizennudeln nach Packungsangabe kochen.
- Währenddessen TK in einem Topf langsam erhitzen.
- Fertig abgegossene Nudeln zugeben und durchmischen.
- Sojasahne hinzufügen und nochmals erhitzen.
- Mit Salz abschmecken.

Kohlrabi-Kartoffelgemüse

Zutaten (4 Portionen)

- 1 kg Kohlrabi
- 2 Karotten
- 2 Kartoffeln
- 100 ml Sojasahne
- 1 TL Salz
- 3 Prisen Pfeffer
- 3 Prisen Muskat
- 1 TL Gemüsebrühe
- 3 EL vegane Butter
- Wasser zum Kochen

Zubereitung

- Kohlrabi, Kartoffeln und Karotten in Würfel schneiden.
- Das Gemüse mit dem Salz in einem Topf mit Wasser weichkochen.
- Das Wasser abgießen.
- Mit restlichen Zutaten vermengen und pürieren.

Veganer Hackfleischtopf

Zutaten (4 Portionen)

- 150 g Sojagranulat
- 2 Zwiebeln
- 2 Stangen Lauch
- 1000 ml Gemüsebrühe
- 250 ml Sojasahne
- 5 EL Tomatenmark
- 1 EL Senf
- 1 TL Paprika
- 1 TL Zucker
- 1 TL Salz
- 3 Prisen Pfeffer
- 1 EL (Raps)Öl

Zubereitung

- Das Sojagranulat nach Packungsanweisung zubereiten.
- Zwiebel klein würfeln und Lauch in Streifen schneiden.
- Öl in einer Pfanne erhitzen und Zwiebel darin glasig anbraten.
- Abgetropftes Sojagranulat, Lauch, Tomatenmark, Gemüsebrühe, Senf und Gewürze hinzugeben.
- 15 Minuten köcheln lassen und dabei mehrfach rühren.

- Sojasahne unterrühren, Herd abdrehen und noch 5 Minuten ziehen lassen.
- Als Beilage kann Brot gereicht werden.

Gebratener Tofu

Zutaten (4 Portionen)

- 400 g Tofu
- 400 ml Kokosmilch
- 60 g Ingwer
- 2 Knoblauch
- 1 Limette
- 2 TL Zucker
- 2 TL Paprika
- ½ TL Salz
- 3 El (Raps)Öl

Zubereitung

- Tofu in etwa 1 cm breite und 4 cm lange Stücke schneiden.
- Ingwer und Knoblauchzehen hacken.
- Mit Kokosmilch, Saft von 1 Limette, Zucker, Paprika und Salz verrühren.
- Tofu in die Marinade legen und mind. 2 Std. marinieren.
- Tofu aus der Marinade nehmen und trocken tupfen.
- Öl in einer Pfanne erhitzen und Tofu 5 Minuten braten.

Kartoffel Gulasch

Zutaten (2 Portionen)

- 4 Kartoffeln
- 500 ml Gemüsebrühe
- 2 Zwiebeln
- 1 rote Paprikaschote
- 1 gelbe Paprikaschote
- 2 Knoblauchzehen
- 2 EL Tomatenmark
- 1 EL Essig
- 1 TL Paprika
- 1 EL Petersilie
- Salz, Pfeffer
- 3 EL (Raps)Öl

Zubereitung

- Kartoffeln und Zwiebeln schälen und in mundgerechte Stücke schneiden. Knoblauchzehe pressen.
- Paprika putzen und in mundgerechte Stücke schneiden.
- Öl in einer großen, tiefen Pfannen erhitzen und Zwiebel, Knoblauch, Paprika und Kartoffeln darin andünsten.

- Tomatenmark zugeben und anrösten.
- Mit Essig und Gemüsebrühe ablöschen.
- Bei mittlerer Hitze 20 Minuten kochen, bis die Kartoffeln gar sind.
- Mit den Gewürzen abschmecken und in tiefen Tellern servieren.

Bigos (Kohleintopf mit Tofu)

Zutaten (4 Personen)

- 400 g Naturtofu
- 1 kleiner Kopf Weißkohl
- 400 g Champignons
- 1 Sauerkraut-Päckchen
- 1 Zwiebel
- 1 ½ Tuben Tomatenmark
- 2 Lorbeerblätter
- 4 Wacholderbeeren
- 1 EL Gemüsebrühe
- 1 TL Paprikapulver
- Salz und Pfeffer zum Abschmecken
- 4 EL (Raps)Öl zum Anbraten

Beilage: Brot

Zubereitung

- Tofu mit Küchenpapier gut trocknen und in Würfel schneiden.
- Weißkohl in feine Streifen schneiden, Champignons und

Zwiebel klein schneiden.

- 2 EL Öl in einem Topf erhitzen und darin Weißkohl, Sauerkraut, Lorbeerblätter und Wacholderbeeren anschwitzen, bis der Weißkohl bissfest ist.
- Restliches Öl in einer Pfanne erhitzen.
- Zwiebel, Champignons darin 5 Minuten, bei mittlerer Hitze anbraten.
- Tofu, Gemüsebrühe und Gewürze zugeben und solange braten bis der Tofu goldbraun wird.
- Wenn der Weißkohl bißfest ist, das Tomatenmark unterrühren und die Tofu-Pfanne mit in den Topf geben und gut vermischen. Mit Brot servieren.
- Am besten schmeckt Bigos übrigens, wenn es einen Tag durchgezogen ist und nochmals erhitzt wird.

Champignon Gyros

Zutaten (4 Portionen)

- 400 g Champignons
- 5 Paprika
- 3 Zwiebeln
- 250 g Sojajoghurt
- 1 EL Gyrosgewürz
- 2 EL Petersilie
- ½ TL Chiliflocken
- 1 TL Salz
- 1 TL Pfeffer
- 8 EL (Oliven)Öl

Beilage: Fladenbrot

Zubereitung

- Paprika in Streifen schneiden, Champignons in Ringe schneiden, Zwiebeln in dünne Ringe schneiden.
- 2 EL Öl in einer Pfanne erhitzen und Zwiebeln mit Champignons darin glasig anbraten.
- 2 EL Öl mit Paprika, Gyrosgewürz, Salz und Pfeffer zugeben und 5 Minuten, unter häufigem Rühren anbraten.
- Sojajoghurt in einem Schälchen mit restlichem Öl beträufeln und mit Chiliflocken bestreuen.

- Petersilie in die Gemüsepfanne unterrühren.
- Das Champignon – Gyros mit Joghurt und Fladenbrot servieren.

Ratatouille

Zutaten (4 Personen)

- 5 Tomaten
- 2 Auberginen
- 1 Zucchini
- 3 Paprika
- 2 Zwiebeln
- 2 Knoblauchzehen
- 1 TL Thymian
- 1 TL Petersilie
- 1 TL Basilikum
- 2 Prisen Pfeffer
- 1 EL (Oliven)Öl

Beilage: Baguette oder Nudeln

Zubereitung

- Knoblauchzehen pressen, Zwiebel klein würfeln und restliches Gemüse in 2 cm breite Stücke schneiden.
- In einem Topf Öl erhitzen.
- Zwiebel und Knoblauch glasig anbraten.
- Tomaten, Paprika und alle Gewürze zugeben und für 10 Minuten bei mittlerer Stufe, unter gelegentlichem Umrühren, dünsten.

- Auberginen und Zucchini zugeben und unter gelegentlichem Umrühren, weitere 15 Minuten dünsten.
- Mit einer Beilage nach Wahl servieren.

Süßkartoffelauflauf

Zutaten (4 Personen)

- 800g Süßkartoffeln
- 400 g gehackte Tomaten
- 250 g passierte Tomaten
- 2 Zwiebeln
- 1 Knoblauchzehe
- 2 EL gehackte Erdnüsse
- 1 EL Erdnussbutter
- 1 TL Chilipulver
- 3 Prisen Salz
- 2 EL (Erdnuss)Öl zum Anbraten

Beilage: Reis

Zubereitung

- Backofen auf 180 Grad C Umluft vorheizen.
- Zwiebeln in Scheiben schneiden, Süßkartoffeln würfeln, Knoblauchzehe pressen.
- Zusammen in einem mit Öl erhitzen Topf 10 Minuten, bei mittlerer Hitze andünsten.
- Tomaten mit Gewürzen zugeben und weitere 5 Minuten köcheln lassen.
- Erdnussbutter zugeben und in eine Auflaufform geben.

- Erdnüsse darüber verteilen und in einer Auflaufform für 30 Minuten im Backofen backen.

Kartoffel Curry

Zutaten (4 Portionen)

- 8 Kartoffeln
- 1 Dose gehackte Tomaten (400g)
- 1 Dose Kokosmilch (400g)
- 1 Zwiebel
- 3 Knoblauchzehen
- 100 ml Gemüsebrühe
- 1 TL Curry
- 1 TL Ingwer
- ¼ TL Cayennepfeffer
- 1 TL Kurkuma
- 1 TL Salz
- 3 EL (Raps)Öl

Zubereitung

- Knoblauchzehe pressen, Zwiebel und Kartoffel würfeln.
- Öl wird in einem Topf erhitzen und die Zwiebel glasig abraten.
- Knoblauch hinzu geben und ebenfalls zwei Minuten lang glasig anbraten.

- Gewürze unterrühren und kurz mitbraten.
- Mit Gemüsebrühe ablöschen und Kokosmilch sowie Tomaten hinzugeben.
- Das Kartoffel Curry 30 Minuten köcheln lassen.
- Wenn die Kartoffeln gar sind, in vorgewärmten Tellern servieren.

Spaghetti mit Champignons

Zutaten (4 Portionen)

- 250 g Spaghetti
- 1 Zwiebel
- 1 Zucchini
- 250 g Champignons
- 1 TL Kreuzkümmel
- 1 EL Currypulver
- 4 EL Schnittlauch oder Petersilie (frisch oder TK)
- 2 EL Sojasauce
- 3 EL (Sesam)Öl zum Anbraten
- Pfeffer und Salz

Zubereitung

- Spaghetti nach Packungsangabe kochen.
- Zwiebel würfeln, Champignons und Zucchini in dünne Scheiben schneiden.
- Öl in einer Pfanne erhitzen und Zwiebel darin glasig anbraten.
- Champignons dazugeben und 3 Minuten mitbraten.
- Zucchini, Kreuzkümmel, Curry zugeben und 5 Minuten braten.
- Spaghetti, Sojasauce, Pfeffer, Schnittlauch (Petersilie) dazugeben und gut vermischen.

Spaghetti Napoli

Zutaten (4 Portionen)

- 500 g Spaghetti
- 4 Tomaten
- 1 Dose gehackte Tomaten
- 1 Zwiebel
- 100 ml Wasser
- 2 EL Olivenöl zum Anbraten
- Pfeffer und Salz

Zubereitung

- Spaghetti nach Packungsangabe kochen.
- Zwiebel fein würfeln und Tomaten in Stücke schneiden.
- Öl in einer Pfanne erhitzen und Zwiebel glasig anbraten.
- Wasser,Tomaten und gehackte Tomaten zugeben und 20 Minuten, bei mittlerer Hitze köcheln lassen.
- Die Soße mit einem Pürierstab pürieren.
- Mit Salz und Pfeffer abschmecken und mit den Spaghetti servieren.

Backofen Pommes

Zutaten (4 Portionen)

- 1 kg große Kartoffeln
- 2 TL Paprika
- ½ TL Salz
- ½ TL Knoblauch
- ½ TL Kräutermischung nach Belieben
- 3 EL Rapsöl

Zubereitung

- Geschälte und gewaschene Kartoffeln in Stäbchen schneiden.
- Die Kartoffelstäbchen kurz in Wasser legen.
- Backofen auf 200° C Umluft vorheizen.
- Vor dem Zubereiten gut abtropfen lassen und mit Küchenpapier trocken reiben.
- Die Kartoffelstäbchen in eine Schüssel geben und mit den anderen Zutaten vermischen.
- Anschließend auf ein mit Backpapier ausgelegtes Backblech legen.
- Im Backofen 35 Minuten backen.
- Ofen auf 220° C hochschalten und die Pommes noch 10 Minuten bräunen lassen.

Tomaten - Nudeln

Zutaten (4 Portionen)

- 450 g Kirschtomaten
- 140 g Penne (oder andere Nudeln)
- 2 Knoblauchzehen
- ½ rote Pfefferschote
- 1 TL Tomatenmark
- 4 El Petersilie
- 2 El (Raps)Öl
- Salz Pfeffer
- 1 Prise Zucker

Zubereitung

- Knoblauchzehen pressen, 1/2 rote Pfefferschote in dünne Ringe schneiden. 450 g Kirschtomaten halbieren.
- Penne in reichlich kochendem Salzwasser nach Packungsanweisung garen.
- Öl in einer tiefen Pfanne erhitzen.
- Knoblauch und Pfefferschoten darin bei mittlerer Hitze 2 Min. dünsten.
- Tomatenmark zugeben und unter Rühren kurz mitbraten.
- Tomaten zugeben und 5 Min. kochen.
- Nudeln abgießen, dabei 100 ml Nudelwasser auffangen.

- Nudelwasser zur Tomatenmischung geben und aufkochen. Tomatensauce mit Salz, Pfeffer und Zucker würzen.
- Nudeln untermischen und mit Petersilie bestreut servieren.

King Pao Tofu Bowl

Zutaten (4 Personen)

- 400 g Naturtofu
- 5 Frühlingszwiebeln
- 2 Paprika
- 2 Knoblauchzehen
- 100 g ungesalzene Erdnüsse
- 5 EL Sojasauce
- 2 EL Speisestärke
- 3 Prisen Chilipulver
- 3 Prisen Ingwer
- 2 TL Zitronensaft
- 1 EL Reisessig
- 1 TL Zucker
- 6 EL (Erdnuss)Öl zum Anbraten

Beilage: Reis

Zubereitung

- Tofu mit Küchenpapier abtrocknen und in Würfel schneiden.
- Mit 4 EL Sojasauce vorsichtig verrühren und 5

Minuten ziehen lassen.

- Danach Speisestärke zugeben und nochmal vorsichtig verrühren, so das die Tofuwürfel bedeckt sind.
- Knoblauchzehen pressen, Paprika und Frühlingszwiebel in Streifen schneiden.
- Große Pfanne oder Wok, mit 2 EL Öl erhitzen und die Tofuwürfel, von allen Seiten, bei mittlerer Hitze, etwa 10 Minuten goldbraun braten.
- Tofu auf einen Teller beiseite stellen.
- In einer kleinen Schüssel restliche Sojasauce, 2 EL Öl, Reisessig und Zucker miteinander verrühren.
- Das restliche Öl in die Pfanne geben. Erhitzen und die Frühlingszwiebel mit Paprika, bei mittlerer Hitze 5 Minuten andünsten.
- Erdnüsse, Chilipulver, Zitronensaft und Ingwer in die Pfanne geben und weitere 5 Minuten, unter häufigem Rühren anbraten.
- Die angerührte Sauce zugeben und 2 Minuten weiterkochen lassen.
- Mit Reis servieren.

Rote Linsenbratlinge

Zutaten (4 Portionen)

- 200 g Linsen
- 2 Zwiebeln
- 1 Lauch
- 1 Karotte
- 100 g Champignons
- 4 EL Mehl
- 1 TL Curry
- etwas Salz und Pfeffer
- 1 EL Oregano
- ½ TL Chilipulver
- 3 EL (Oliven)Öl zum Braten

Zubereitung

- Die Linsen über Nacht einweichen.
- Linsen in ein Sieb schütten und abtropfen lassen.
- Zwiebeln, Lauch, Karotten, Champignons und schneiden und mit den Linsen, Salz, Pfeffer, Curry, Oregano, Chili pürieren.
- Mehl hinzufügen. (Die Masse ist nun ziemlich klebrig.)
- Formen Sie jetzt mit einem Esslöffel kleine Bratlinge.
- Öl in einer Pfanne erhitzen und die Linsenbratlinge darin, von beiden Seiten anbraten.

Gemüsepfanne

Zutaten (4 Portionen)

- 1 Pastinake
- 2 Karotten
- 2 Kohlrabi
- 1 Paprika
- 2 EL Erdnussbutter
- 200 ml Gemüsebrühe
- 4 TL Sojasauce
- 2 TL Zitronensaft
- 50 g Erdnüsse, geröstet und gesalzen
- 1 EL Koriander
- Salz und Chilipulver

Zubereitung

- Pastinake, Möhren, Kohlrabi und Paprika waschen und in mundgerechte Würfel schneiden.
- Öl in einer Pfanne erhitzen und Kohlrabi und Paprika, bei mittlerer Hitze 5 Minuten anbraten, dabei immer wieder umrühren.
- Pastinake und Karotten zugeben und weitere 5 Minuten garen.
- Erdnussbutter und Gemüsebrühe zugeben und verrühren. Alle restlichen Zutaten zufügen und abschmecken.

- Vor dem Servieren mit den Erdnüssen bestreuen.
- Gemüse kann je nach Saison natürlich abgeändert werden!

Spitzkohl-Eintopf

Zutaten

- 500 g Spitzkohl
- 4 Kartoffeln
- 1 Zwiebel
- 900 ml Gemüsebrühe
- 50 ml Sojasahne
- 1 EL Senf
- 1 TL gemahlenen Kümmel
- 1 EL Paprikapulver
- 2 EL (Raps)Öl
- Salz und Pfeffer zum Abschmecken

Zubereitung

- Spitzkohl in Streifen schneiden, Kartoffeln klein würfeln.
- Zwiebel fein hacken.
- Öl in einem Topf erhitzen und Zwiebel darin glasig andünsten.
- Spitzkohl, Kümmel und Paprikapulver zugeben.
- Solange unter häufigem Rühren anbraten, bis der Kohl eine schöne Farbe angenommen hat.
- Mit Gemüsebrühe ablöschen und aufkochen lassen.
- Auf mittlerer Stufe und für 15 Minuten, zugedeckt köcheln lassen.

- Kartoffeln zugeben und für weitere 20 Minuten zugedeckt köcheln lassen.
- Sojasahne einrühren und nochmals kurz aufkochen.
- Senf einrühren und mit Salz und Pfeffer abschmecken.

Kichererbsencurry

Zutaten (4 Portionen)

- 1 Dose Kichererbsen (400 g)
- 1 Dose Kokosmilch (400 ml)
- 3 Zwiebeln
- 2 Knoblauchzehen
- 1 EL Zitronensaft
- 2 EL Curry
- 1 EL Sojasauce
- 1 TL Zucker
- 3 EL (Raps)Öl

Beilage: Reis

Zubereitung

- Zwiebel klein hacken, Knoblauchzehen pressen.
- Öl in einem Topf erhitzen und Zwiebeln und Knoblauch darin glasig anbraten.
- Langsam die Kokosmilch einrühren.
- Curry, Zitronensaft, Sojasauce, Zucker und Kichererbsen dazugeben.
- 10 Minuten auf mittlerer Stufe köcheln lassen.
- Kichererbsencurry mit Reis anrichten.

Brot und Brötchen

Brötchen (Semmeln)

Zutaten

- 550 g Weizenmehl
- 80 g vegane Butter (alternativ vegane Margarine)
- 250 ml lauwarmes Wasser
- 1 Würfel Hefe
- 1 Prise Zucker
- 2 TL Salz

Zubereitung

- In einer Schüssel, Hefe im Wasser auflösen lassen.
- Mehl und Zucker in Schüssel geben, in der Mittel eine Grube drücken und das Hefewasser langsam zuschütten.
- Mit einer Küchenmaschine zu einem Teig kneten.
- An einem warmen Ort, zugedeckt für 30 Minuten gehen lassen.
- Butter und Salz zum Teig zugeben und mit einer Küchenmaschine nochmals durchkneten.
- Zugedeckt für 30 Minuten gehen lassen.
- Teig nochmal durchkneten und 10 Brötchen formen.
- Brötchen auf ein mit Backpapier ausgelegtes Backblech geben und zugedeckt nochmals 1 Stunde gehen lassen.

- Backofen auf 200° C Ober-/ Unterhitze vorheizen.
- Brötchen mit Wasser bepinseln mit einem Messer kreuzweise anritzen.
- Im Ofen für 40 Minuten backen.
- Brötchen auf einem Kuchengitter abkühlen lassen.

Milchbrötchen

Zutaten

- 350 g Weizenmehl
- 80 g kalte vegane Butter
- 200 ml Pflanzendrink nach Belieben
- ½ Päckchen Backpulver
- 3 TL Zucker
- Mehl zum Bestäuben

Zubereitung

- Mehl, Backpulver und Zucker in einer Schüssel vermischen.
- Butter in kleinen Stücken zugeben und mit einer Küchenmaschine zu einem Teig kneten, dabei den Pflanzendrink langsam zugeben.
- Zugedeckt für 30 Minuten in kalter Umgebung stehen lassen.
- Butter und Salz zum Teig zugeben und mit einer Küchenmaschine nochmals durchkneten.
- Zugedeckt für 30 Minuten gehen lassen.
- Backofen auf 200° C Ober-/ Unterhitze vorheizen.

- Teig auf einer bemehlten Arbeitsfläche 3 cm dick ausrollen.
- Mit einer runden Form, Größe nach Belieben, Brötchen ausstechen.
- Brötchen auf ein mit Backpapier ausgelegtes Backblech geben und mit Pflanzendrink bepinseln.
- Im Ofen für 15 Minuten backen.
- Brötchen auf einem Kuchengitter etwas abkühlen lassen.
- Die Milchbrötchen schmecken auch lauwarm sehr lecker.

Baguette

Zutaten

- 200 g Weizenmehl
- 200 g Dinkelmehl
- 300 ml kaltes Wasser
- ¼ TL Trockenhefe
- 3 Prisen Salz
- 1 Prise Zucker
- 1 TL (Raps)Öl

Zubereitung

- Mehl, Trockenhefe, Salz, Zucker und Öl vermischen.
- Kaltes Wasser untermischen und einen Teig kneten.
- Den Teig mindestens 12 Stunden abgedeckt stehen lassen.
- Backofen auf 200° C Ober-/ Unterhitze vorheizen.
- Den Teig zu zwei Baguettes formen und auf ein mit Backpapier ausgelegtes Backblech legen.
- Eine backofenfeste Schale mit Wasser unter das Backblech stellen.
- 20 Minuten backen. Wenn die Baguettes schön braun sind aus dem Ofen nehmen.

Türkisches Fladenbrot

Zutaten

- 500 g Weizenmehl
- 200 ml lauwarmes Wasser
- 1 Würfel Hefe
- 5 TL Olivenöl
- 1 TL Sesam
- 1 TL Salz
- 1 Prise Zucker

Zubereitung

- Das Mehl in eine Schüssel geben und eine Mulde hineindrücken.
- Die Hefe hinein bröckeln, Zucker zugeben und mit 150 ml lauwarmen Wasser verrühren.
- Den Vorteig mit etwas Mehl bestäuben, mit einem Tuch abdecken und an einen warmen Ort 30 Minuten gehen lassen.
- Dann das restliche Wasser, Salz und 3 EL Öl zugeben und einen geschmeidigen Teig kneten. Mit Mehl bestäuben und Teig nochmal, zugedeckt an einem warmen Ort 30 Minuten ruhen lassen.
- Backofen auf 200° C Ober-/ Unterhitze vorheizen.
- Den Teig nochmal gut kneten, in 2 Portionen teilen und längliche Fladen formen.
- Mit den Fingern Längs- und Querrillen in den Teig

eindrücken und die Teigränder etwas hochziehen.

- Die Fladen mit dem restlichen Öl bepinseln und mit Schwarkümmel bestreuen.
- 15 Minuten ruhen lassen.
- Die Fladen auf ein mit Backpapier ausgelegtes Backblech legen und 25 Minuten backen lassen.

Naan Brot

Zutaten

- 450 g Mehl
- 250 ml lauwarmes Wasser
- 3 EL Pflanzendrink
- 1/2 Würfel Hefe
- 2 TL Knoblauchpulver
- 1 TL Currypulver
- 1 EL Zucker
- 1 TL Salz
- 1 EL (Raps)Öl

Zubereitung

- Hefe im warmen Wasser auflösen und 10 Minuten stehen lassen.
- Restliche Zutaten hinzufügen und zu einem weichen Teig verkneten.
- Den Teig mindestens eine Stunde abgedeckt gehen lassen.
- Den Teig danach in Golfballgroße Stücke teilen und weitere 30 Minuten,

  zugedeckt ruhen lassen.
- Die Teigbälle dünn ausrollen und in einer Pfanne auf höchster Stufe 2 Minuten

  ausbacken, bis sich Bläschen bilden und das Naanbrot leicht gebräunt ist.

Brezeln

Zutaten

- 500 g Weizenmehl
- 350 ml zimmerwarmer Pflanzendrink
- Lauge (500 ml Wasser und 3 EL Natron)
- 1 Päckchen Trockenhefe
- 1 Prise Zucker
- 1 TL Salz

Belag: Nach Belieben (Salz, Sesam, Kerne usw.)

Zubereitung

- Mehl, Hefe, Zucker und Salz miteinander vermischen.
- Pflanzendrink dazu geben und mit einer Küchenmaschine zu einem Teig kneten.
- An einem warmen Ort, zugedeckt für eine Stunde gehen lassen.
- Teig nochmals kräftig durchgeknetet und wiegen.
- Den Teig in 10 gleich schwere Stücke schneiden. (etwa 80 bis 90 g)
- Brezeln formen: Teigstück zu einer circa 40 cm langen „Wurst” rollen.
- In der Mitte sollte die „Teigwurst” etwas dicker als an den

beiden Enden sein.

- Zu einer Brezel formen. (Übung macht den Meister!)
- Wasser mit Natron in einem Topf zum Kochen bringen.
- Die Lauge 10 Minuten kochen lassen.
- Jede Brezel für 30 Sekunden in der Lauge kochen.
- Brezeln auf ein mit Backpapier ausgelegtes Backblech geben und nach Belieben bestreuen.
- Backofen auf 200° C Ober-/ Unterhitze vorheizen.
- Wenn sie 2 Backbleche auf einmal verwenden wollen dann den Backofen auf 180° C Umluft vorheizen.
- Im Ofen für 15 - 18 Minuten backen.
- Das Herstellen der Brezeln bedarf etwas Übung. Selbstverständlich können sie auch Brezenstangen mit diesem Teig herstellen.

Bauernbrot

Zutaten

- 370 g Weizenmehl Type 550
- 50 g Roggenmehl Type 1150
- 350 ml lauwarmes Wasser
- 100 g zarte Haferflocken
- 1 Päckchen Trockenhefe
- 1 EL Chiasamen
- 2 EL Essig
- 1 EL Agavendicksaft
- 4 TL Salz

Zubereitung

- Wasser zum Kochen bringen.
- Chiasamen und Haferflocken mit dem kochenden Wasser übergießen.
- 10 Minuten aufquellen lassen.
- Restliche Zutaten zugeben und in der Küchenmaschine 2 Minuten zu einem Teig verkneten.
- Den Teig zugedeckt 30 Minuten gehen lassen.

- Backofen auf 200° C Ober-/ Unterhitze vorheizen.
- Den Teig in eine mit Backpapier ausgelegte Kastenform geben
- Im Ofen für eine Stunde backen.
- Brot auf einem Kuchengitter abkühlen lassen.

Dinkelbrot mit Rosinen

Zutaten

- 550 g Dinkelmehl
- 200 g Rosinen
- 250 ml lauwarmes Wasser
- 1 EL zarte Haferflocken
- 1 Päckchen Trockenhefe
- 1 EL Chiasamen
- 1 EL Essig
- 2 TL Salz
- Mehl zum Bestäuben

Zubereitung

- Alle Zutaten, außer den Haferflocken, in der Küchenmaschine zu einem Teig verkneten.
- Den Teig in eine mit Backpapier ausgelegte Kastenform geben
- Den Teig zugedeckt 30 Minuten gehen lassen.
- Backofen auf 200° C Ober-/ Unterhitze vorheizen.
- Haferflocken über dem Teig verteilen und mit Mehl bestäuben.
- Im Ofen für 65 Minuten backen.

- Brot auf einem Kuchengitter abkühlen lassen.

Vollkornbrot

Zutaten

- 600 g Vollkornmehl
- 150 g Körner nach Belieben
- 500 ml lauwarmes Wasser
- 1 Würfel Hefe
- 1 EL Salz
- Mehl zum Bestäuben

Zubereitung

- In einer Schüssel, Hefe im Wasser auflösen lassen.
- Restliche Zutaten, außer Körner, zugeben und in einer Küchenmaschine zu einem Teig kneten.
- An einem warmen Ort, zugedeckt für eine Stunde gehen lassen.
- Arbeitsfläche mit Mehl bestreuen und den Teig mit den Körnern nochmals durchkneten.
- Zugedeckt für 30 Minuten gehen lassen.
- Backofen auf 200° C Ober-/ Unterhitze vorheizen.
- Brotteig in eine mit Backpapier ausgelegte Kastenform geben und glatt streichen.
- Im Ofen für 55 Minuten backen.

- Brot aus der Kastenform nehmen und nochmals für 10 Minuten im Ofen backen.
- Brot auf einem Kuchengitter abkühlen lassen.

Weißbrot

Zutaten

- 450 g Weizenmehl
- 1 Stück vegane Butter (alternativ vegane Margarine)
- 250 ml lauwarmes Wasser
- 1 Würfel Hefe
- 1 EL Salz
- Mehl zum Bestäuben

Zubereitung

- In einer Schüssel, Hefe im Wasser auflösen lassen.
- Restliche Zutaten, außer Körner, zugeben und in einer Küchenmaschine zu einem Teig kneten.
- An einem warmen Ort, zugedeckt 30 Min. gehen lassen.
- Arbeitsfläche mit Mehl bestreuen und den Teig nochmals durchkneten.
- Zugedeckt für eine Stunde gehen lassen.
- Backofen auf 200° C Ober-/ Unterhitze vorheizen.
- Brotteig in eine mit Backpapier ausgelegte Kastenform geben und glatt streichen. Mit einem Messer eine Mittellinie einritzen.
- Im Ofen für 45 Minuten backen.
- Brot auf einem Kuchengitter abkühlen lassen.

Nachtisch, Kuchen, Dessert

Schokoladenmousse

Zutaten (4 Personen)

- 200 g vegane Zartbitterschokolade
- Abtropfwasser "Aquafaba" aus 2 Dosen Kichererbsen
- 1 Päckchen Backpulver
- 4 TL Puderzucker
- 2 Prisen Salz

Zubereitung

- Schokolade im Wasserbad schmelzen lassen.
- In der Zwischenzeit die Flüssigkeit von 2 Kichererbsendosen auffangen und mit Backpulver aufschlagen.
- Wenn die Sahne fast fertig ist Puderzucker und Salz unterrühren.
- Schokolade abkühlen lassen bis sie lauwarm ist.
- Schokolade mit Schneebesen unterheben.
- Die Mousse auf Schälchen verteilen und für 30 Minuten in den Kühlschrank stellen.

Marzipan Nougat Ecken

Zutaten

- 200 g Marzipanrohmasse
- 175 g veganes Nougat
- 150 g Puderzucker

zumVerzieren:

- 200 g vegane Zartbitterschokolade
- 50 g gehackte Pistazienkerne

Zubereitung

- Das Marzipan leicht erwärmen und mit Puderzucker verkneten.
- Diese Masse zwischen zwei Lagen Backpapier gut ½ cm dick und zu einem Rechteck ausrollen.
- Nougat gerade so sehr über einem Wasserbad erwärmen, dass er streichfähig wird. Gleichmäßig auf das Marzipan streichen.
- Nun die Marzipan-Nougat-Masse von der langen Seite her aufrollen, so dass eine Rolle entsteht.
- In Folie gewickelt, für 2 Stunden kaltstellen.
- Die Zartbitterschokolade schmelzen.
- In der Zwischenzeit von der Marzipanrolle mit einem scharfen Messer mundgerechte Ecken abschneiden.
- Die entstandenen Ecken in die Schokolade tauchen.
- Mit Pistazien bestreuen und abkühlen lassen.

Erdbeereis

Zutaten (4 Portionen)

- 350 g Erdbeeren
- 2 EL Zucker
- 80 ml Wasser
- 200 g Sojasahne
- Saft einer halben Zitrone

Zubereitung

- Erdbeeren waschen, klein schneiden und über Nacht einfrieren.
- Erdbeeren aus dem Gefrierfach nehmen und für 15 Minuten antauen lassen.
- Mit den anderen Zutaten pürieren.

Bananen Cookies

Zutaten (12 – 15 Cookies)

- 2 reife Bananen
- 100 g Kokosraspeln
- 1 Päckchen Vanillezucker

Zubereitung

- Backofen auf 180° C Umluft vorheizen.
- Die Bananen schälen und in Scheiben schneiden.
- Die Scheiben zusammen mit den Kokosraspeln und dem Vanillezucker in einer Schüssel pürieren.
- Ein Backblech mit Backpapier auslegen und den Teig mit einem Esslöffel portionsweise darauf verteilen.
- Die Portionen etwas flach drücken und mit dem Esslöffel etwas formen.
- Die Cookies 20 bis 25 Minuten backen, bis der Rand leicht gebräunt ist.

Brownies

Zutaten

- 80 g vegane Zartbitterschokolade
- 180 g Mehl
- 200 g Zucker
- 50 g Kakaopulver
- 1 Päckchen Vanillezucker
- 1 TL Backpulver
- ½ TL Zimt
- 100 ml Pflanzendrink
- 100 ml Agavendicksaft
- 100 ml Rapsöl
- 100 ml Apfelsaft

Zubereitung

- Backofen auf 180° C Grad vorheizen.
- Auflaufform mit Backpapier auslegen.
- Schokolade mit einem Messer kleinhacken.
- In einer Schüssel Mehl, Zucker, Kakao, Vanillezucker, Zimt und Backpulver vermischen.
- Pflanzendrink, Aganvendicksaft und Apfelsaft vermischen und zur Mehlmischung gießen.
- Den Teig mit den Quirlen des Handrührgerätes für 2 Minuten auf höchster Stufe vermixen.

- Schokolade unterheben.
- Teig in die Auflaufform füllen und glatt streichen.
- Im Backofen etwa 40 Minuten backen.
- Abkühlen lassen.
- Brownies in gewünschte Stücke schneiden.

Popcorn

Zutaten

- 50 g Popcornmais
- 40 g Butter
- 40 g Zucker
- 1 EL Agavendicksaft
- 1 EL (Raps)Öl
- 70 g Cashewkerne

Zubereitung

- Butter, Zucker und Agavendicksaft in einem Topf erhitzen.
- Bei hoher Stufe, unter ständigem Rühren 2 Minuten kochen und danach beiseite stellen.
- Cashewkerne in einer Pfanne, auf mittlerer Stufe 4 Minuten und Rühren goldbraun rösten. Danach auf einen Teller legen.
- Popcornmais nach Anleitung im Topf mit Öl aufpoppen lassen. Gelegentlich dabei am Topf rütteln und den Deckel festhalten.
- Popcorn und Cashewkerne mit der Karamellsauce übergießen und gut vermischen.
- Das Popcorn auf ein mit Backpapier ausgelegtes Backblech legen, verteilen und abkühlen lassen.
- Erst servieren wenn es gut trocken ist.

Schokocrossies

Zutaten

- 100 g Cornflakes
- 200 g vegane Zartbitterschokolade

Zubereitung

- Im Wasserbad die Schokolade schmelzen.
- Wenn die Schokolade komplett geschmolzen ist, die Cornflakes unterrühren.
- Backblech mit Backpapier auslegen.
- Mit einem Teelöffel kleine Portionen auf das Backblech legen und solange in den Kühlschrank stellen bis die Schokocrossies fest sind.

Schokoladenmuffins

Zutaten

- 300 g Mehl
- 250 g Zucker
- 50 g Kakaopulver
- 1 Packung Backpulver
- 7 EL Rapsöl
- 350 ml Wasser
- 1 Prise Salz
- Muffin - Papierförmchen

Zubereitung

- Backofen auf 180° C Umluft vorheizen.
- Mehl mit Kakaopulver, Backpulver, Zucker, Salz, Öl und Wasser gut verrühren.
- Teig in kleine Muffin-Papierförmchen füllen und für ca. 30 Minuten backen.

Tiramisu

Zutaten

- 500 g Soja Naturjogurt
- 1 gekühlte Dose Kokosmilch
- 2 Päckchen Zwieback
- 1 Tasse kalter Kaffee
- 2 EL Zucker
- 30 ml Amaretto
- Kakaopulver zum Verzieren

Zubereitung

- Kokosmilch mit dem Handmixer zu einer cremige Masse schlagen, dabei den Zucker langsam zugeben.
- Joghurt einmischen.
- In einer großen Tasse Kaffee mit Amaretto vermischen.
- Zwieback eintauchen und anschließend in eine Form geben, bis der Boden bedeckt ist.
- Die Hälfte der Kokos-Creme darauf verteilen.
- Darauf wieder eine Schicht Zwieback und abschließend eine Schicht Kokos-Creme.
- Zum Abkühlen mindestens 7 Stunden in den Kühlschrank stellen.
- Zum Servieren mit Kakaopulver bestreuen.

Kokos Chiapudding

Zutaten (2 Portionen)

- 200 ml Kokosdrink
- 8 EL Chia-Samen
- ½ TL Vanillezucker
- 2 EL Zucker
- 2 EL gehackte vegane Zartbitterschokolade

Zubereitung

- Kokosdrink mit Vanillezucker vermischen.
- Chiasamen unterrühren
- Alle restlichen Zutaten zugeben, gut verrühren und kalt stellen.
- 40 Minuten quellen lassen. Dabei gelegentlich umrühren.
- Gut gekühlt servieren.

Gebackene Banane

Zutaten (2 Portionen)

- 2 Bananen
- 2 EL Chiasamen
- 1 EL Agavendicksaft
- 1 EL Paniermehl
- 1 Prise Zimt
- 1 Prise Vanillezucker
- (Kokos)öl zum Ausbacken

Zubereitung

- Die geschälten Bananen längs halbieren.
- Die Bananen mit Agavendicksaft bestreichen.
- Restliche Zutaten, außer Öl, miteinander vermengen.
- Die Bananen in der Mischung wälzen.
- Öl in einer Pfanne erhitzen und die Bananen darin ausbacken.
- Die gebackenen Bananen mit Chiasamen garniert servieren.

Süßer Couscous

Zutaten (4 Portionen)

- 400 g Couscous, nach Packungsbeilage zubereitet
- 8 Datteln (entkernt)
- 1 Granatapfel
- 5 EL Rosinen
- Heißes Wasser zum Quellen der Rosinen
- 4 EL Mandelnblättchen
- 3 EL Butter
- 3 EL Orangensaft
- 4 TL Zimt
- 2 EL Agavendicksaft
- 1 Prise Salz
- 4 EL Puderzucker zum Garnieren

Zubereitung

- Rosinen in eine Schüssel geben und mit heißem Wasser überbrühen und quellen lassen.
- Rote Fruchtkerne aus Granatapfel lösen, Datteln achteln.
- Mandelblättchen in einer Pfanne ohne Fett hellbraun rösten.
- In den fertigen Couscous die Butter unterrühren.
- Rosinen abgießen und abtropfen lassen.

- Alle Zutaten, außer Puderzucker, mit dem Couscous vermischen.
- Auf kleine, vorgewärmte Schälchen portionieren und mit Puderzucker bestäubt servieren.

Haferflockenkekse

Zutaten (20 Kekse)

- 200 g Haferflocken
- 2 reife Bananen
- 100 g Mehl
- 100g Soja- Naturjoghurt
- 50 ml Pflanzendrink
- 1 Päckchen Backpulver
- 1 Prise Salz

Zubereitung

- Backofen auf 180° C Umluft vorheizen.
- Bananen mit einer Gabel zerdrücken.
- In einer Schüssel Bananen, Joghurt und Pflanzendrink miteinander verrühren.
- In einer zweiten Schüssel Haferflocken, Mehl, Backpulver und Salz miteinander vermengen.
- Die zweite Schüssel zur ersten unterheben und zu einem Teig verarbeiten.
- Aus dem Teig kleine Taler formen und auf ein mit Backpapier ausgelegtes Backblech geben.
- Im Ofen für 10 – 15 Minuten backen.
- Abkühlen lassen und in einem verschließbaren Gefäß aufbewahren.

Schokoladenkuchen

Zutaten

Teig:

- 300 g Mehl
- 250 g Zucker
- 5 EL Kakaopulver
- 125g Zartbitterschokolade, gehackt
- 1 Päckchen Backpulver
- 350 ml Pflanzendrink
- 4 EL Rum
- 130 ml (Raps)Öl
- 2 TL Johannisbrotkernmehl

Verzierung:

- 150 g Zartbitterschokolade

Zubereitung

- Backofen auf 180° C Umluft vorheizen.
- Für den Teig alle trockenen Zutaten in einer Schüssel mischen.
- Pflanzendrink, Rum und Öl zufügen und mit einem Handrührgerät zu einem geschmeidigen Rührteig verarbeiten.
- Den Teig in eine mit Backpapier ausgelegte Springform füllen.
- Im Ofen 45 Minuten backen.

Karottenkuchen

Zutaten

- 250 g Karotten
- 200 g gemahlene Nüssen (nach Belieben)
- 1 Apfel
- 130 g Mehl
- 100 g Zucker
- 1 Packung Backpulver
- 1 TL Zimt
- ½ TL Kardamom
- 130 ml Pflanzendrink
- 100 ml (Raps)Öl

Für die Glasur:

- 100 g Puderzucker mit 2 EL Zitronensaft verrühren

Zubereitung

- Den Ofen auf 180° C Umluft vorheizen.
- Alle trockenen Zutaten inkl. Gewürze vermischen.
- Pflanzendrink und Öl hinzufügen und rasch mit den trockenen Zutaten vermengen.
- Karotten und den Apfel fein reiben und unterheben.
- Den Teig in eine mit Backpapier ausgelegte und gefettete Springform füllen und im Backofen für ca. 45 Minuten backen.
- Nach dem Abkühlen mit der Puderzuckerglasur überziehen.

Das vegane Kochbuch hat ihnen gefallen?

Dann zeigen Sie es mir mit einem positiven Feedback anhand einer Rezension auf Amazon.

Dies würde mich als freier Autor sehr freuen und mir unglaublich weiterhelfen!

Mir liegt es sehr am Herzen, auf die Wünsche meiner Leserschaft einzugehen. So kann ich die Qualität meiner Kochbücher stets verbessern.

Was Sie dafür tun müssen?

Ganz einfach!

Gehen sie auf die Amazonseite dieses Buches

und schon können Sie innerhalb von wenigen Minuten eine Bewertung abgeben.

Ich danke Ihnen für Ihre Unterstützung!

Haftungsausschluss

Die Umsetzung aller enthaltenen Informationen, Anleitungen und Strategien dieses Buches erfolgt auf eigenes Risiko. Für etwaige Schäden jeglicher Art kann der Autor aus keinem Rechtsgrund eine Haftung übernehmen. Für Schäden materieller oder ideeller Art, die durch die Nutzung oder Nichtnutzung der Informationen bzw. durch die Nutzung fehlerhafter und/oder unvollständiger Informationen verursacht wurden, sind Haftungsansprüche gegen den Autor grundsätzlich ausgeschlossen. Ausgeschlossen sind daher auch jegliche Rechts- und Schadensersatzansprüche. Dieses Werk wurde mit größter Sorgfalt nach bestem Wissen und Gewissen erarbeitet und niedergeschrieben. Für die Aktualität, Vollständigkeit und Qualität der Informationen übernimmt der Autor jedoch keinerlei Gewähr. Auch können Druckfehler und Falschinformationen nicht vollständig ausgeschlossen werden. Für fehlerhafte Angaben vom Autor kann keine juristische Verantwortung sowie Haftung in irgendeiner Form übernommen werden.

Impressum

2019

ISBN: 9781097611775

Kontakt: Markus Mägerle, Am Kreisgraben 17, 93104 Riekofen

Printed in Poland
by Amazon Fulfillment
Poland Sp. z o.o., Wrocław

93852200R00113